일러두기

이 책에 실린 사진 가운데 대부분은 공공누리 제 1유형으로 개방된 이미지를 사용했습니다. 공공누리 이미지가 아닌 사진은 정식으로 구매하거나 사용 허가를 받은 것이며, 해당 사진의 하단에 출처를 표기했습니다.

어느 특별한 다과회
한국인보다 한국을 사랑한 8인의 대한외국인

초판 1쇄 펴냄 2025년 7월 18일

글 오홍선이 | 그림 오킹 | 감수 이종관

펴낸이 고영은 박미숙 | 펴낸곳 뜨인돌출판(주)
출판등록 1994.10.11.(제406-251002011000185호)
주소 10881 경기도 파주시 회동길 337-9
홈페이지 www.ddstone.com | 블로그 blog.naver.com/ddstone1994
페이스북 www.facebook.com/ddstone1994 | 인스타그램 @ddstone_books
대표전화 02-337-5252 | 팩스 031-947-5868

편집이사 인영아 | 책임편집 윤단비 | 디자인 이기희 이민정 | 마케팅 정원식 | 경영지원 김은주

ⓒ 2025 오홍선이, 오킹

ISBN 978-89-5807-067-2 73910

> 어린이제품안전특별법에 의한 제품표시
> **제조자명** 뜨인돌출판(주) **제조국명** 대한민국 **사용연령** 8세 이상

한국인보다 한국을 사랑한
8인의 **대한**외국인

어느 특별한 다과회

오홍선이 글 | 오킹 그림 | 이종관 감수

개회사

청와대 특별 다과회에 오신 것을 환영합니다.

　대한민국은 1910년 일제에 강제로 나라를 빼앗기는 치욕을 겪고 1945년 광복을 맞이했습니다. 일제의 탄압에도 불구하고 독립을 위해 목숨을 바친 독립운동가와 나라를 되찾고자 하는 국민들의 바람 덕분이었지요. 그런데 대한민국의 독립을 위해 우리보다 더 간절히 우리를 도왔던 외국인들이 있었다는 사실을 알고 계십니까? 바로 이 자리에 그분들을 모셨습니다.

　일제강점기에 조선은 세계에서 주목받지 못하는 동양의 작은 나라에 불과했습니다. 하지만 그런 힘든 시기에 조선으로 건너온 분들이 있습니다. 조선인들과 만나고, 조선의 역사를 알게 되면서 우리의 독립을 돕기 위해 평생을 바치셨지요. 이분들께 조선은 과학적이고 독창적인 고유의 문자 한글을 발명하고, 중국·일본과는 다른 독자적인 문화와 긴 역사를 지녔으며, 배움에 대한 열정이 가득한 곳이었습니다. 그리고 나라를 빼앗긴 상황에서 남녀노소를 불문하고 굽히지 않고 저항하는 모습을 보면서 우리를 돕지 않을 수 없었다고 하셨습니다.

주권을 잃고 멸시받던 일제강점기로부터 불과 100여 년이 지난 지금, 우리나라는 전 세계에서 문화와 콘텐츠로 주목받고 있습니다. 또한 도움을 받는 나라에서 지원하는 위치에 서게 되었지요. 지금이야말로 일제강점기라는 험난한 시기에 조선을 사랑하고, 조선의 독립을 위해 목숨을 걸고, 조선의 문화와 역사를 세계에 알리기 위해 노력한 분들의 희생과 배려, 더불어 사는 삶에 대해 다시 생각해 보아야 합니다. 그분들의 삶을 돌아보는 것은 앞으로 세계 속에서 우리의 미래를 그려 나가기 위해 꼭 필요한 일이지요.

자, 바로 그러한 위인 중 여덟 분께서 귀한 발걸음을 해 주셨습니다. 한 분씩 앞으로 모셔서 각 위인의 생애와 당시 시대적 상황에 대해 직접 들어 보는 시간을 갖고 그 뜻과 얼을 우리 마음속에 영원히 품고자 합니다.

차례

🇺🇸 **근대 교육으로 조선의 미래를 밝히다**
헨리 아펜젤러

🇺🇸 **약자를 위해 헌신한 평양의 오마니**
로제타 홀

🇺🇸 **여성에게도 배움의 길을 열다**
메리 스크랜턴

🇺🇸 **조선과 한글의 우수성을 세계에 알리다**
호머 헐버트

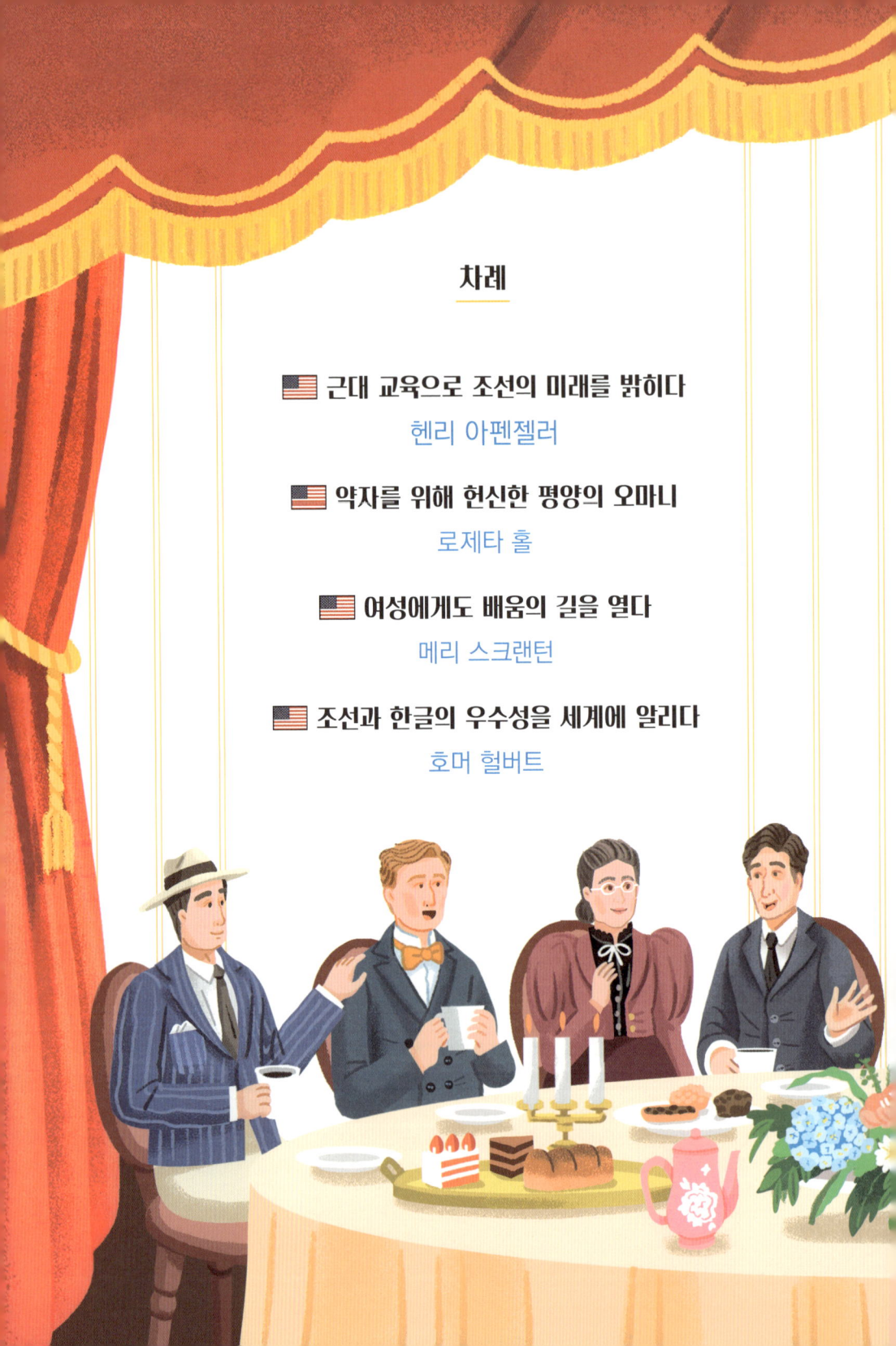

🇬🇧 일제의 만행을 알린 외국인 의사
프랭크 스코필드

🇬🇧 펜으로 조선을 지킨 언론인
어니스트 베델

🇯🇵 조선인을 위해 법정에 서다
후세 다쓰지

🇬🇧 독립운동가와 폭탄을 실어 나르다
조지 루이스 쇼

위인 인터뷰

전 세계 수많은 나라 중, 왜 조선에 가기로 결정했나요?

저는 신학교를 다닐 때 친구와 아시아 쪽으로 선교를 가고 싶다는 이야기를 자주 나누었어요.

"나는 조선에 가고 싶어."

"조선?"

그때 조선이라는 이름을 처음 알게 되었죠. 지도에서 찾아보니 중국과 일본 사이에 있는 작은 나라더군요. 처음에 제가 가려던 지역은 일본이었습니다. 그런데 조선으로 가려던 친구가 사정이 생겨서 해외 선교를 포기하게 되었어요. 이미 승인이 난 곳이라 누군가는 가야 했고, 갑작스럽게 제가 대신 조선으로 향하게 되었답니다. 다시 떠올려 보면 조선에 오게 된 건 제

운명이었나 봅니다.

　험난한 파도와 뱃멀미를 이기고 경유지인 일본에 도착했습니다. 일본은 미국과 분위기가 많이 다르긴 했지만, 일찍 서양 문물을 받아들여서 곳곳에서 서양식 건물을 볼 수 있었지요.

　'아시아 나라는 이런 모습이구나.'

　일본에서 머물면서 조선도 여기와 비슷하리라 생각했어요. 그런데 1885년 4월 초, 다시 배를 타고 부산에 도착했는데 큰 충격을 받았답니다.

'흙으로 집을 지어서 살다니……. 이건 마치 벌집 같잖아.'

저는 마을을 둘러본 뒤 계속 배를 타고 인천 제물포까지 갔어요. 그렇게 힘들게 도착했건만! 곧바로 일본으로 돌아가야 했답니다. 서양 문물을 받아들이자며 일으킨 갑신정변이 실패로 끝난 지 얼마 되지 않았던 때라 서양 사람들을 고운 눈으로 보지 않았거든요. 저는 임신 중인 아내가 걱정되었어요.

"부인, 일단 일본으로 갔다가 다시 옵시다."

그렇게 몇 달 동안 일본에서 지내다가 7월에야 서울에 가게 되었어요.

서울 정동에 도착한 지 5일째 되는 날, 조선인 청년 두 명이 저를 찾아왔어요.

"영어를 배우러 왔습니다. 스크랜턴 선생님이 여기로 가라고 하셨어요."

윌리엄 스크랜턴은 저보다 두 달 먼저 조선에 들어와 제중원에서 환자를 치료하고 있었어요. 서양 의학으로 치료하는 최초의 병원이라 환자들이 물밀듯이 밀려들어 왔다는군요. 그 와중에 조선인 청년 둘이 의학을 배우고 싶다고 찾아왔는데 말이 통하지 않잖아요. 그래서 영어부터 배우라며 저에게 보낸 것이었죠. 사연을 듣고 저는 기꺼이 두 사람에게 영어를 가르치기 시작했답니다.

그러다 소문이 났는지 몇 달 사이 학생 수는 열 명이 훌쩍 넘었어요. 나라는 문을 꼭꼭 걸어 잠그고 있었지만, 조선 사람들은 새로운 세상에 관심이 많았고 열정이 대단했지요.

저는 학생들을 가르치면서 조선 정부에 정식으로 학교를 설립하고 싶으니 허가해 달라고 요청했어요. 고종께서는 기뻐하며 땅과 건물을 내주셨고요. 그래서 1886년, 어엿한 모습으로 학교를 열 수 있었어요. 학생은 스무 명 정도였지요. 고종께서 '배재학당'이라는 이름도 내려 주셨어요. 인재를 널리 양성하라는 의미라고 하더군요. 제가 앞으로 조선에서 무엇을 해야 할지 알려 주는 것 같았지요. 배재학당은 조선에서 인정하는 정식 교육 기관이 되었답니다. 근대 학문을 가르치는 곳이니 건물도 서양식으로 붉은 벽돌로 지었어요.

그 무렵 조선에서는 청일전쟁이 일어났어요. 조선 땅에서 청나라와 일본이 전쟁을 벌이면서 애꿎은 조선 사람들만 크게 피해를 보았지요.

"제대로 된 근대 교육을 받은 인재를 키우고자 하오. 배재학당에서 이들을 가르쳐 주시오."

조선 왕실에서는 전쟁을 겪으면서 근대 교육의 필요성을 더욱 절실히 느낀 모양이었어요. 그래서 제게 학비와 봉급을 지원할 테니 왕실에서 뽑은 학생들을 가르쳐 달라고 했어요. 그렇게 배재학당을 거친 학생들은 200명이 넘었지요. 처음에는 영어와 한문, 지리 등을 가르쳤는데, 고등 과정만으로는 부족했어요. 그래서 대학 과정도 만들었지요. 배재학당에서 공부한 주시경이나 지청천, 여운형 등은 조선의 독립을 위해 큰일을 한 자랑스러운 학생들이랍니다.

저는 청일전쟁을 지켜보면서 처음에는 일본이 이겼으면 했어요. 일본은 일찍 나라의 문을 열고 서양 문물을 받아들였지만, 중국은 서양에 적대감을 가지고 있었으니까요.

'조선도 일본처럼 서양 문물을 받아들여야 해. 그게 조선에 도움이 되는 길이야.'

하지만 배재학당에서 조선 청년들을 만나면서 제가 잘못 생각했다는 걸 알게 되었어요. 조선은 중국이나 일본에 속한, 주체적이지 못한 나라가 아니었어요. 제가 조선에 대해 너무 몰랐던 거죠. 일본, 중국과는 다른 역사와 고유의 문화를 지니고 있었고, 무엇보다 '한글'에 대해 알고는 깜짝 놀랐답니다.

"이렇게 과학적이고 독창적인 글자는 본 적이 없어!"

 제 조상은 스위스계와 독일계로, 저는 미국으로 건너온 이민자의 후손이었어요. 그래서 평소 다른 나라의 언어에 대해 관심이 많았는데, 한글은 영어와 비교되지 않을 정도로 체계적이며 배우기 쉬웠어요. 그래서 헐버트와 함께 한글의 우수성을 알리며 더 많은 사람들이 한글에 대해 알기를 바랐지요. 출판사까지 차려 성경을 한글로 번역하고, 순한글로 된 〈독립신문〉도 발행했어요.

위인 인터뷰

그때 조선의 상황은 어땠나요?

제가 조선에 들어오기 10년 전인 1876년, 조선은 일본과 강화도 조약을 맺고 항구를 개방했어요. 그래서 서구 문물을 받아들이는 분위기가 조금씩 퍼져 나가고 있었지요. 이때 김옥균, 박영효 등의 개화당은 외국의 신문물을 적극적으로 받아들여 나라의 힘을 키워야 한다고 여겼어요. 하지만 권력을 쥐고 있던 흥선대원군은 개화 정책에 반대했지요. 청나라는 흥선대원군을 데려가 3년 동안 청나라에 머물도록 했어요. 그리고 조선의 정책에 하나하나 간섭하기 시작했지요.

개화당은 청나라의 간섭에서 독립하고 서양의 기술과 제도를 받아들여야 한다며 1884년 갑신정변을 일으켰답니다. 마침 제가 조선으로 올 준비를 하고 있을 때였죠. 그때는 조선이 이런 상황이라는 건 꿈에도 알지 못했답니다.

갑신정변이 성공했더라면 저의 생활은 어떻게 달라졌을까요? 청나라 군대의 공격으로 갑신정변은 3일 만에 실패로 끝났어요. 나중에 저와 깊은 우정을 나눈 서재필 씨는 갑신정변 때 미국으로 건너가서 의사가 되었다고 해요. 저와 사는 곳을 바꾼 듯이 말이죠.

서재필 씨는 조선 정부의 요청으로 10년 뒤 다시 조선으로 돌아왔어요. 저는 돌아온 서재필 씨를 찾아가 말했지요.

"배재학당에서 학생들에게 좋은 가르침을 부탁드립니다."

조선인이면서 미국에서 교육을 받은 분이니 조선 학생들에게 더 큰 가르침을 줄 수 있을 거라고 생각했지요. 제 요청에 서재필 씨는 돈도 받지 않고 학생들을 가르치고 토론회를 열어서 조선 젊은이들의 생각을 일깨워 주었어요. 얼마나 인기였던지 협성회에서 공개 토론회가 열렸다 하면 사람들이 엄청나게 붐볐답니다.

서재필 씨는 1896년 4월 〈독립신문〉을 창간하고 7월에는 독립협회를 조직해 조선의 자주 독립을 선언한다는 뜻으로 독립문을 세우는 사업을 벌였어요. 사람들이 기꺼이 성금을 모아 주어 영은문을 헐고, 그 자리에 독립문을 세우기로 했답니다. 영은문은 조선 시대에 중국에서 오는 사신들을 맞이하는 문이었어요. 이렇게 세워진 독립문은 1897년에 완공되었지요. 성금으로 세워진 독립문을 보면서 국민들의 독립 의지를 다시금 느낄 수 있었어요.

그때 저는 누구보다 서재필 씨와 가깝게 지내며 독립협회 일을 도왔습니다. 하지만 일본의 탄압은 더욱 심해졌고, 결국 독립협회는 1898년에 해산되고 말았어요. 서재필 씨는 미국으로 돌아가야 했고, 〈독립신문〉도 폐간되고 말았지요.

독립문 앞에 선 서재필과 아펜젤러

알아두면 달콤해지는 키워드

서재필 독립운동가. 독립협회 설립을 주도하였고, 주시경 등과 〈독립신문〉을 창간했으며 일본, 미국 등에서 근대 교육을 받았다.

서재필(앞줄 왼쪽에서 네 번째)과 독립협회 회원들

호러스 그랜트 언더우드 선교사이자 세브란스 병원 설립자. 1885년 조선으로 건너와 광혜원에서 기초 과학을 가르쳤다.

앨리스 아펜젤러 아펜젤러의 딸. 이화학당에서 학생들을 가르쳤으며 이화전문학교를 세웠다.

프랭클린 올링거 배재학당 교사. 배재학당 내에 삼문출판사를 세웠을 때 사장을 맡았다.

협성회 배재학당 학생들이 중심이 되어 1896년에 만든 단체. 아펜젤러의 요청으로 서재필이 강의한 것을 계기로 조직되었다.

벧엘예배당 현재의 기독교 대한감리회 정동제일교회. 1887년 아펜젤러가 달성위궁 근처에서 한국인을 대상으로 예배를 한 곳이다.

헨리 아펜젤러, 그 이후

양화진에 있는 아펜젤러 가족의 묘

아펜젤러는 언더우드와 성서번역위원회를 만들어 무려 3년 동안 성서 번역 일에 매달렸다. 고된 작업에 살이 쏙 빠지고 얼굴이 수척해져서 노인처럼 보일 정도였다. 긴 번역 작업을 마무리하던 중 성서번역위원회 모임에 참석하기 위해 목포로 가는 배에 올랐는데, 군산 앞바다 어청도 부근에서 배가 침몰하고 말았다. 아펜젤러는 함께 승선한 조선인 여학생을 구하려다 바다에서 사망했다. 결국 시신은 찾지 못했고, 양화진 외국인 선교사 묘원에 가묘(假墓)가 조성되어 있다.

아펜젤러의 뒤를 이은 딸과 아들

조선에서 태어난 아펜젤러의 큰딸 앨리스는 미국에서 공부를 마치고 1915년 한국으로 돌아와 이화학당에서 학생들을 가르쳤다. 여성 교육에 앞장섰으며, 1922년에는 이화학당의 교장을 맡아 신촌에 이화여자전문학교를 세웠다. 아들 헨리는 배재중학교·고등학교의 교장을 지냈다. 두 사람은 1940년 일제에 의해 강제 추방되기도 했다. 앨리스와 헨리 역시 양화진 외국인 선교사 묘원에 아버지와 함께 잠들어 있다.

로제타 홀
Rosetta Sherwood Hall

서로 말은 달라도 사랑은 통하는 법!

- **국적** 미국
- **출생** 1865년
- **직업** 의사
- **입국** 1890년
- **거주지** 서울, 평양

위인 인터뷰

의사로서 조선에 가야겠다고 결심한 이유가 무엇이었나요?

"진정으로 인류를 위해 봉사하고자 하면, 아무도 가려고 하지 않는 곳에서 아무도 하려고 하지 않는 일을 하라."

미국에 첫 여자 대학을 세운 메리 라이언이 한 말이었어요.

'아무도 가려고 하지 않는 곳이라……'

저는 펜실베이니아 여자의과대학을 졸업하고 뉴욕의 무료 빈민소에서 인턴으로 일하던 중 그 말을 다시 떠올렸어요. 이전까지만 해도 여자는 의과대학에 입학할 수 없었는데, 펜실베이니아 여자의과대학은 여자 의사를 양성하는 첫 의과대학이었답니다.

당시는 여의사가 드물어서 오라는 곳도 많았어요. 처음에는 중국으로 의료 선교를 가고 싶었는데 어찌된 영문인지 조선으로 오게 되었지요. 정말 아무도 가려고 하지 않는 곳으로 운명이 저를 이끈 것만 같았어요.

1890년, 저는 안정적인 생활을 뒤로 하고 스물다섯 살에 태평양을 건너 조선으로 향했어요. 제가 이런 선택을 하게 된 것은 집안 분위기 덕분이었던 것 같아요. 제가 태어났을 때 미국은 남북전쟁이 막 끝난 뒤였어요. 아버지는 농장을 크게 하고 있었지만, 농장에서 일하는 흑인 노예들을 해방시키는 일을 적극적으로 도우셨지요. 흑인 노예였던 조를 가족으로 받아들이셨고, 피부색이 달랐지만 조는 저에게 삼촌이 되어 주었답니다. 부모님은 사람을 차별하지 않는 것과 나눔을 알려 주신 분들이에요. 특히 어머니는 여성들이 해외 선교를 나가는 일에 관심이 많으셨어요. 선교를 떠나는 분들을 집으로 초대해 음식을 대접한 적도 많았지요.

"인도에서는 남자 의사 앞에서 옷을 벗을 수 없다고 치료를 거부하는 여성들도 있다더군요."

"여성이어서 치료를 받지 못하는 건 너무 슬픈 일이에요."

저는 몸이 아픈데도 치료를 받을 수 없는 여성이 있다니 믿

인턴 시절 유색인종을 돌보는 로제타 홀

을 수가 없었어요. 아마 어린 시절의 이런 기억들 때문에 더 해외로 가고 싶었나 봐요.

제가 조선에 도착하기 몇 년 전에 이미 여자 의사 하워드가 근대식 여성 병원에서 진료를 하고 있었어요. 듣기로 명성황후께서 이 병원에 '보구녀관'이라는 이름까지 내리며 기뻐하셨다고 해요. 하지만 하워드는 해마다 천 명 이상의 환자를 치료해야 했대요. 그렇게 몸을 아끼지 않고 진료를 보다가 건강이 나빠져 2년 만에 고국으로 돌아가게 되었다고 들었어요. 그리고 제가 하워드의 뒤를 이어 조선으로 오게 된 것이죠.

저는 조선에 도착한 바로 다음 날부터 진료를 시작했는데, 도와줄 간호사조차 없어서 무척 힘들었어요. 그러던 중 하루는 화상으로 손가락과 손바닥이 붙어 버린 환자가 찾아왔어요. 피부 이식 수술을 해야 했는데 환자도, 가족들 중 누구도 피부 이식을 하겠다고 나서지 않았답니다.

'멀쩡한 살을 떼어 낸다고 하니 무서워서 그런 걸 거야. 피부 이식이 두려운 게 아니라는 걸 보여 주려면 내가 직접 나서야겠어. 그럼 조선 사람들의 생각도 바뀔 거야.'

제가 환자를 위해 피부를 이식하겠다고 하자 사람들이 말렸어요. 하지만 제가 나선 덕분에 다른 선교사들과 이화학당의 학생, 환자와 가족들도 피부 이식을 하겠다고 나서서 수술은 잘 끝났답니다.

"그 여자 의사가 세상에 생살을 내줬다잖아요."

"생판 모르는 사람한테 어떻게 그럴 수가 있대요? 게다가 멀리 서양에서 온 여자가."

이 이야기가 퍼지면서 예상치 못하게 저를 알리는 셈이 되었어요. 그런데 매일 끊임없이 밀려드는 환자를 진료하면서 저는 이게 정답이 아니라고 생각했어요.

'당장 이 환자들을 진료하는 것도 중요하지만 앞으로를 위해서라도 조선인 여의사가 꼭 필요해. 조선 여성들도 서양 의학을 배워야 해.'

저는 여성들에게 서양 의학을 가르칠 교육 기관이 필요하다고 여겼어요. 그래야 조선의 미래가 바뀔 거라고 믿었거든요. 그때 메리 스크랜턴 씨가 이화학당의 학생들을 보내 주었어요. 저는 이 소녀들을 보고 결심을 굳혔지요. 그리고 당장 그해 겨울 방학부터 다섯 명의 소녀들에게 의학을 가르치기 시작했답니다.

학생들 중 단연 눈에 띈 건 김점동이었어요. 보구녀관에서 통역을 돕던 그는 태어날 때부터 입술과 입천장이 갈라진 구순구개열 환자들이 외과 수술로 새 삶을 얻는 걸 보고 의학 공부에 푹 빠졌지요.

"선생님, 저도 미국으로 데려가 주세요."

제가 둘째를 임신하고 미국으로 돌아갈 때 김점동은 미국에서 공부를 하고 싶다고 했어요. 저도 점동이만 이대로 조선에 남겨 둘 수 없었어요. 그래서 김점동 부부를 미국으로 데려가 계속 공부할 수 있도록 도왔지요. 미국에서는 남녀가 결혼을 하면 여자는 남편의 성을 따라야 했어요. 그래서 김점동은 자신의 세례명 '에스더'에 남편의 성 '박'을 붙여 박에스더로 이름을 바꾸었어요. 그리고 고등학교 과정을 마치더니 여자의과대학까지 들어가 제 바람대로 조선의 첫 여자 의사가 되었답니다. 그때는 얼마나 기뻤는지 몰라요.

이제 제 인생에 가장 중요하고 존경하는 남편 윌리엄 이야기를 들려드리고 싶어요. 우리는 제가 인턴으로 일했던 뉴욕의 무료 빈민소에서 만났어요.

"로제타, 나와 결혼해 주시오."

제가 조선으로 떠나기 전 윌리엄은 제게 고백을 했어요. 그때는 의료 선교를 가면 5년 동안 결혼을 할 수 없었고, 당시 건강도 좋지 않아서 저는 청혼을 거절했어요. 하지만 윌리엄은 포기하지 않았지요. 제가 조선으로 떠나자 메리 스크랜턴 씨에게 부탁해 급여도 받지 않고 조선으로 건너온 게 아니겠어요! 저 역시 윌리엄을 잊지 못하고 있었기 때문에 우리는 1892년 조선에서 결혼식을 올리게 되었답니다.

결혼을 하고 얼마 뒤 윌리엄은 홀로 평양으로 갔어요. 서울보다 더 의료 혜택을 받지 못하는 곳으로 가서 환자를 돌보고 싶어 했거든요. 또 떨어져 지내야 했지만 우리의 마음은 늘 함께였답니다.

첫아들 셔우드가 태어난 뒤 우리 가족은 평양에서 지내게 되었어요.

"신기한 서양 아기가 왔다!"

평양 사람들은 이제 6개월 된 셔우드를 보려고 줄을 서기까지 했어요.

"어쩜 이렇게 인형같이 생겼을까?"

"이 투명한 피부색이랑 머리색 좀 봐요."

평양 사람들은 솔직하면서도 순수했어요. 그 모습을 보고 저는 평양에서 해 나갈 일들을 다짐했지요. 하지만 얼마 지나지 않아 청일전쟁이 일어나는 바람에 우리는 다시 서울로 거처를 옮길 수밖에 없었어요.

전쟁이 끝나자마자 윌리엄은 혼자 황폐해진 평양으로 달려갔어요. 평양에서는 콜레라로 수많은 사람들이 목숨을 잃고 있었거든요. 거리에는 시체 썩는 냄새가 진동했답니다. 윌리엄은 밤낮없이 환자를 돌보다가 건강을 잃고 쓰러지고 말았어요.

"오, 윌리엄…… 정신 좀 차려 봐요."

서울로 실려 온 윌리엄은 말할 기운도 없었어요.

"로제타, 내가 평양에 간 것을 후회하지 마시오. 사랑하오."

윌리엄은 그 말을 남기고 마지막까지 셔우드를 애처롭게 바라보다가 눈을 감았답니다. 저는 슬픔을 가눌 길이 없었어요. 게다가 배 속에서는 새로운 생명이 자라고 있었지요.

저는 일단 미국으로 돌아가야겠다고 결정했어요. 그리고 4년 만에 아들 셔우드와 딸 이디스를 데리고 조선으로 돌아왔답니다. 아, 그런데 너무 가혹한 일이 또 벌어지고 말았어요.

"이디스, 이디스, 괜찮아. 조금만 견디렴. 엄마가 있잖니."

열이 펄펄 끓고 토하던 이디스는 조선에 돌아온 지 한 달도 되지 않아 하늘나라로 떠나고 말았답니다.

"일리엄, 이디스를…… 잘 부탁해요."

민들레를 보면서 활짝 웃던 이디스를 가슴에 묻으면서 저는 눈물을 삼켰어요. 그리고 저와 같은 슬픔을 조선의 엄마들이 겪지 않도록 하겠다고 다짐했지요.

저는 평양에 여성 병원인 광혜여원을 세우고 환자들을 진료하기 시작했어요. 그로부터 2년 뒤에는 딸의 이름을 딴 이디스 어린이 병동을 세웠지요. 이때 가장 중요하게 생각한 건 깨끗한 환경이었어요.

'면역이 약한 아이들에게 더러운 물은 위험하니까 물탱크를 만들어야겠어.'

병원 전용 물탱크를 만들기 위해서는 허가가 필요했어요. 그런데 또 다시 어려운 고비를 넘어야 했답니다. 평양 사람들은 땅을 깊이 파면 육지가 바닷물에 잠길지도 모른다는 허무맹랑한 미신을 믿고 있었거든요.

"물이 새지 않도록 두꺼운 돌과 시멘트로 잘 막을 테니 걱정 마세요."

저는 한 분 한 분을 찾아가 설득했어요. 그런 우여곡절 끝에 어린이 병동을 세워도 된다는 허가를 얻을 수 있었지요. 이디스는 저에게 이 병원을 세우게 하려고 그렇게 일찍 떠나간 것 같아요.

위인 인터뷰

당시 조선의 정세는 얼마나 심각했나요?

제가 조선에 들어오기 전부터 일본과 청나라는 서로 조선을 차지하기 위해서 기회를 엿보고 있었어요. 그러던 중 일본의 지원을 약속받은 개화파들이 1884년에 갑신정변을 일으켰지만 실패로 끝나고 말았지요. 이후 청나라와 일본은 톈진 조약을 맺고, 조선에서 양쪽 군대를 철수하기로 했어요.

그런데 제가 가족들과 함께 평양에서 잠시 머물던 1894년, 동학농민운동이 일어났어요. 농민군의 기세가 대단하여 조선 정부는 청나라에 군사를 보내 달라고 요청했고, 일본도 군사를 보내 동학농민운동을 진압했지요. 하지만 일본은 조선에서 군사를 철수하지 않고 조선을 차지하려는 욕심을 드러냈어요. 일본은 경복궁을 점령하고 강제로 조일공수동맹조약을 맺도록 했지요. 게다가 청나라를 상대로 승리를 거두고 평양까지 밀고 올라갔어요.

전쟁이 길어지면서 조선 백성들은 점점 더 힘들어졌어요. 군대가 오가며 마을의 곡식과 가축을 빼앗았고, 많은 집이 불에 타거나 약탈당했지요.

그때 평양에서 일본과 청나라가 크게 전투를 벌였다는 소식도 들려왔어요. 청나라 군대가 평양에 먼저 도착해 자리를 잡고 있었지만, 일본의 끈질긴 공격에 결국 항복하고 말았지요. 청나라 군대는 일본군에 쫓겨 만주로 달아났고, 2천 명의 청나라 군사가 목숨을 잃었다고 했어요.

이후 일본은 랴오둥 반도와 뤼순까지 손에 넣었으나, 청나라와 시모노세키라는 곳에서 조약을 맺으면서 청일전쟁은 끝이 났어요. 하지만 그 여파는 조선에 고스란히 남았지요.

평양 전투 때 일본과 청나라 군사들 수천 명이 목숨을 잃었고, 아무 잘못 없는 평양 시민들도 엄청나게 희생되었어요. 강제로 전쟁에 동원되거나 물건을 빼앗기고 죽임을 당했거든요. 평양은 폐허가 되고 말았어요.

게다가 콜레라가 퍼져 거리에는 시체가 널려 있고 먹을 것도 부족했어요. 그런 곳으로 윌리엄은 홀로 떠난 거지요. 치료를 받지 못해 죽어 가는 평양 사람들을 그저 보고만 있을 수 없었거든요.

그렇게 존경하는 의사이자 사랑하는 남편 윌리엄을 일찍 보내고 말았지만 그의 말대로 우리가 한 선택을 평생 후회하진 않았어요.

청일전쟁으로 조선 땅을 밟은 일본군과 걱정스러운 눈빛의 조선 사람들

알아두면 달콤해지는 키워드

윌리엄 홀 로제타 홀의 남편이자 의사. 로제타와 한국에서 결혼하여 평양을 중심으로 의료 활동을 벌였다.

이그레이스 간호사. 어릴 적 다리가 괴사되었으나 보구녀관에서 수술을 받고 회복했다. 이후 의료 교육을 받은 뒤 간호사가 되었다.

김마르다 간호사. 신체 일부가 잘리는 학대를 당하여 보구녀관에서 치료를 받았다. 이후 의료 교육을 받고 간호사로 활동했다.

광혜여원 평양에서 개원한 첫 여성 병원. 1898년에 설립되었으며 이후 평양부인병원으로 바뀌었다.

오봉래 교사. 시각 장애인으로 로제타에게 점자 교육을 받은 뒤 일본에서 공부하고 맹아를 가르치는 특수 교사가 되었다.

평양맹아학교 우리나라 최초의 시각 장애인 학교. 1894년 로제타는 시각 장애인을 위한 초등, 중등 과정의 특수 학교를 평양에 세웠다.

로제타 홀이 만든 한글 점자 교재

로제타 홀, 그 이후

로제타 홀은 듣지 못하고 말하지 못하는 사람들을 위해 특수 교육에도 나섰다. 직접 가르친 학생들이 해외에서 전문 교육을 받을 수 있도록 돕고, 1897년 한글 점자 교재를 직접 만들었다. 《로제타 홀 한글 점자 교재》는 2022년 문화재로 등록되었다. 이처럼 헌신적인 활동으로 로제타 홀은 '평양의 오마니'라고 불렸다. 로제타 홀은 귀국 후에도 조선을 그리워하다가 1951년 세상을 떠났다. 로제타는 윌리엄, 셔우드 등 가족과 함께 양화진 외국인 선교사 묘원에 잠들어 있다.

어머니의 뒤를 이은 아들 셔우드 홀

셔우드 홀은 1893년 11월 서울에서 태어났다. 의사인 부모님의 영향과 여동생의 이른 죽음이 셔우드를 의사의 길로 이끌었다. 셔우드는 캐나다의 토론토 의과대학을 졸업하고 의사인 메리와 결혼한 뒤 한국을 찾았다. 셔우드 홀의 전공은 결핵이었는데, 당시 한국에서는 다섯 명 중 한 명이 결핵으로 목숨을 잃을 정도로 무서운 병이었다. 셔우드는 결핵 연구와 환자 치료를 위해 1932년부터 크리스마스 씰을 발행해 결핵 연구에 앞장섰다. 셔우드는 1940년 일제에 의해 강제 추방된 이후 인도에서 결핵 퇴치를 위해 노력했다. 1991년 세상을 떠난 뒤 한국의 양화진 외국인 선교사 묘원에 묻혔다.

메리 스크랜턴
Mary Fletcher Scranton

저는 제 민족인 조선인들과 함께 살고 싶어요.

국적 미국

출생 1832년

직업 교육가

입국 1885년

거주지 서울, 전국

• 위인 인터뷰 •

왜 조선에서 여성 교육을 시작하게 되었나요?

"쯧쯧, 저 보시오. 머리색 하며, 옷 입은 행색은 또……."

제가 처음 조선에 도착했을 때 사람들은 저를 보고 눈살을 찌푸렸어요. 서울에서 서양인을 보는 게 신기한 일은 아니었지만 여자는 드물었거든요. 게다가 남편도 없는 오십이 넘은 늙은 여자라는 점이 영 마뜩지 않은 모양이었어요.

제 남편은 결혼하고 20년 되던 해에 세상을 떠났어요. 저는 아들 윌리엄을 홀로 키우면서 선교회 활동에 열심히 참여하고 있었답니다. 저희 집안은 모두 신앙심이 깊었거든요. 아들이 다 커서 의사가 됐을 무렵까지도 저는 해외 선교에 대한 꿈을 포기하지 않고 있었어요.

그러던 어느 날, 제가 몸을 담고 있던 선교회에 편지 한 통이 도착했어요. 조선에 여성 교육이 절실하며 꼭 여성 선교사를 보내 달라는 내용이었지요. 당시 선교 사업은 인도나 일본에 집중되어 있었기 때문에 저는 조선의 현실에 대해 그때 처음 알게 되었어요.

'조선 사람들이 얼마나 힘들까? 그들이 고난을 이겨 낼 수 있도록 돕는 것이야말로 선교야. 조선으로 가야겠어.'

그렇게 저는 늦은 나이에, 의료 선교사로 임명된 아들 윌리엄과 함께 조선으로 향하게 되었어요. 조선에 도착하기 전, 일본에서 잠시 머무는 동안 갑신정변으로 조선의 정국이 점점 불안해지고 있다는 소식을 들었어요. 그럴수록 두려움보다는 조선으로 못 가게 될까 봐 그게 걱정이었답니다.

1885년 제물포항을 거쳐 서울에 도착했어요. 그리고 가장 먼저 학당을 짓기 시작했어요. 서양에서는 여성도 남성과 마찬가지로 권리를 인정받고 교육받을 수 있었는데, 조선에서는 여성을 차별하고 교육도 하지 않고 있었거든요. 유교 사상이 뿌리내린 조선에서 여성은 집안일을 하며 지아비를 따르는 것을 중요한 덕목이라고 여기고 있었어요.

"여성들도 공부해야 해. 그래야 차별당하지 않을 거야."

저는 오직 여성들을 위한 여학당을 지었어요.

하지만 조선 사람들은 여성이 학교에서 공부한다는 것에 큰 거부감을 가지고 있었어요. 그래서 처음에는 학당 건물만 덩그러니 있고 찾아오는 학생들이 없었지요.

'학교가 있으면 당연히 학생들이 모일 거라고 생각하다니. 내가 크게 착각했구나.'

저는 거리로 나가 직접 여성들을 만나려고 했어요. 하지만 낮에는 거리에서 여성들을 보기도 힘들뿐더러 어찌다 만난 여성에게 말을 걸려고 하면 화들짝 놀라며 자리를 피했어요. 그런 모습을 보고 너무나 안타까웠답니다. 남성과 여성 모두 같은 능력을 가지고 있는데, 남성이 학문에 힘쓰는 동안 여성은 바느질이나 음식 하는 것을 가장 중요하게 여기다니. 게다가 여성이 많이 배우면 집안을 망하게 한다는 어처구니없는 말까지 있더군요. 저는 방법을 바꾸었어요.

'양반집 여성들이 아니라 형편이 어려운 이들을 만나 보자.'

신분이 낮거나 소외된 여성들에게 학당을 적극적으로 알리기로 한 것이지요. 그러던 중 어느 관리의 둘째 부인이 영어를 배우러 찾아왔어요. 그때만 해도 조선에서는 둘째 부인을 둔 사람들이 많았답니다.

"여기서 공짜로 영어를 가르쳐 준다면서요? 영어 그런 걸 배워서 어디에 쓰라는 건지……."

그분은 남편이 영어를 배워 왕비의 통역이라도 해 보라고 했다는데, 내키지 않는 모양새였어요. 그렇게 등 떠밀려서 왔던 첫 학생은 결국 3개월 만에 학교를 그만두었답니다.

공짜로 밥도 주고 재워 준다는 말에 딸을 데려온 사람도 있었는데, 심하게 말썽을 피우던 그 아이는 1년이 지나자 완전히 달라졌어요. 저는 기쁜 마음으로 더욱 열심히 가르쳤지요.

"저 서양 여자가 애를 미국으로 데려가려는 거 아닐까요?"

"다른 꿍꿍이가 있을지도 모르니 조심해요."

아이의 엄마는 무슨 소리를 들었는지 제가 아이를 빼앗을 거라고 여기고 당장 데려가겠다고 난리를 피웠어요. 큰 소동이 있었지만 겨우 달래서 학당을 계속 다닐 수 있게 했지요.

학생 중에는 윌리엄이 데려온 모녀도 있었어요. 길에서 죽어가는 걸 보고 치료해 주었는데, 머물 곳도 없는 모양이었어요. 그렇게 아프고 힘든 사람들을 만나면서 저는 더욱 보람을 느꼈어요. 제가 그들을 도울 수 있었으니까요.

하나둘 학생이 늘어나자 고종 황제께서도 저의 열정에 고마

움을 전하며 '이화학당'이라는 이름을 내려 주셨답니다. 이화는 '배꽃'이라는 뜻이었어요.

"배꽃처럼 아름다운 소녀들의 학당이라……."

새하얀 배꽃이 가득한, 열매가 무르익어 갈 학교의 모습이 그려졌답니다. 배꽃이 조선에서는 아름답고 우아한 여성을 가리키는 말이라는 건 나중에 알았지요. 아무도 찾지 않던 학당은 그렇게 어려운 형편의 소녀들이 글과 지식을 배우며 환하게 피어나는 공간으로 바뀌었어요.

제가 가르친 학생 중에는 일찍이 남편을 잃은 경숙이도 있었어요. 과부가 되어 친정집에 머물고 있었는데, 아버지마저 돌아가시자 끼니를 걱정하는 형편이 되었다고 했어요. 바느질과 빨래 등으로 근근이 살던 중, 저를 만났답니다. 조선에서는 과부라고 하면 안 좋은 시선이 있었는데 자신을 따뜻하게 맞아 주는 제 모습에 놀랐다고 하더군요. 경숙이는 아버지가 하급 관리여서 어릴 때 글을 배웠다고 했어요. 공부에 얼마나 열심이었는지 몰라요.

"경숙아, 이제 너는 내 딸이야."

"선생님, 그게 무슨 말씀이세요?"

"너는 부모도 없고, 갈 곳이 없지 않니. 내 딸이 되어서 곁에서 나를 도와주지 않겠니?"

거절하면 어떡하나 했는데, 경숙이는 기뻐하며 저의 둘도 없는 딸이 되어 주었답니다. 그리고 이화학당의 첫 조선인 선생님이 되었지요. 경숙이가 이화학당에서 한글을 가르치면서 서양 문화에 대해서도 알려 주니까 학생 수는 더욱 늘어났어요.

일이 척척 잘 풀리는 것 같았지만 다른 고민이 생겼어요. 제가 교육 전문가가 아니다 보니 이렇게 가르치는 게 맞는지 늘 고민이 되었거든요. 저는 체계적으로 교육받은 사람이 필요하다고 생각했어요. 그래서 미국 여성해외선교부에 전문적으로 교육할 수 있는 여성 선교사를 파견해 달라고 몇 번이나 요청했어요. 그 결과 1887년 로드와일러와 여의사 하워드가 조선으로 건너왔어요. 하워드는 조선 여성들이 남성 의사에게 진료받기를 꺼린다는 것을 알고 이화학당 옆에 세운 여성 병원에서 여성들을 진료했어요.

그렇게 주변의 도움과 노력으로 많은 학생들이 이화학당에서 꿈을 키웠어요. 저는 학생들이 조선에만 머물지 않고 외국으로 나가 공부할 수 있게 돕기도 했는데, 그중 박에스더는 로

이화학당의 1대 교장인 스크랜턴과 2대 교장 로드와일러

제타 홀 씨의 도움으로 첫 조선인 여의사가 되었지요. 또한 결혼을 하고 이화학당에 입학한 김란사도 있었어요. 이화학당에서 공부하고 일본, 미국 등에서 배움을 이어 가 조선 여성으로는 처음으로 문학 박사 학위를 받았지요.

학생들은 자신의 안정되고 편안한 생활을 바라지 않았어요. 자신이 받은 도움을 나누어야 한다며 외국에서 공부를 하고 다시 조선으로 돌아왔답니다. 졸업생들은 제가 세운 상동여자중학교나 부인성경학원에서 배움을 나누는 일을 이어 갔어요.

이화학당이 10년째가 되어 자리를 잡자 저는 남대문으로 갔어요. 맨 처음 형편이 어려운 소녀들을 가르치던 마음으로 돌아가 가난으로 배우지 못하는 사람들을 돕기 위해서였지요. 저는 상동교회 부설 공옥여학교를 세우고, 전국을 다니면서 학교를 세우는 것이 중요하다는 걸 알리고 곳곳에 학교를 세우는 일을 벌였어요.

"최선을 다하라. 결과는 하늘이 줄 것이다."

이 말을 저는 여러 번 경험했답니다. 성급하게 결과를 내려 하지 않고 하나씩 천천히 해 나가면 늘 도움의 손길이 있고, 좋은 결과들이 따라왔지요.

위인 인터뷰

그 시기 조선은 얼마나 불안했나요?

청일전쟁이 막 끝났을 때가 생각나는군요. 전쟁에서 승리한 일본은 조선 내정을 적극적으로 간섭하기 시작했지요. 고종과 명성황후가 러시아를 이용해 일본을 억누르려고 하자, 일본에서는 갑자기 새로운 조선 공사를 보냈답니다. 러시아 편을 드는 명성황후를 죽일 계획으로 군인 출신인 미우라 고로를 보낸 것이었죠.

결국 1895년에 난리가 났어요. 일본군과 그들이 동원한 조선 병사들이 경복궁을 포위하고 있는 사이, 정체불명의 일본 폭도들이 담을 넘어 궁궐 문을 열었다는 거예요. 일본은 이 일이 알려져도 조선인이 저지른 것이라고 발뺌하려고 일부러 조

선 병사를 동원한 거였어요.
 어떻게 왕이 계신 궁궐의 담을 넘어 문을 열 생각을 했을까요? 게다가 궁에 침입한 것만으로 끝난 게 아니었어요.

심지어 일본 폭도들은 고종과 왕세자 등을 끌어내 협박하고, 건천궁으로 가서 닥치는 대로 궁녀들을 죽인 뒤, 명성황후를 찾아 잔인하게 목숨을 빼앗았어요. 게다가 시신을 불태우는 끔찍한 일을 저질렀지요.

이 사건은 미국인 기자와 러시아 기자 덕분에 미국의 신문 〈뉴욕헤럴드〉에 실렸어요. 한 나라의 왕비를 잔인하게 시해한 일은 세계에 알려졌고 일본을 비난하는 목소리가 높아졌어요. 그런 여론 때문에 일본은 미우라 공사 등 관련된 인물을 체포해서 감옥에 가두었지요. 물론 재판도 열렸답니다. 하지만 모두 증거 불충분으로 풀려나고 처벌을 받은 사람은 없었어요. 명성황후 시해 사건은 1895년 을미년에 일어나 '을미사변'이라고도 불렀어요.

고종은 이 사건으로 충격을 받고 불안감을 느꼈어요. 자신을 보필할 측근으로 궁 밖에 있던 엄상궁을 궁으로 불러들였지요. 엄상궁은 기지를 발휘해 고종과 왕세자가 일본의 감시를 피해 러시아 공관으로 탈출하도록 도왔어요. 그 후 고종은 엄상궁을 황후로 세우고자 했으나, 평민 출신이었기 때문에 후궁 중에 가장 높은 지위인 황귀비로 세우셨지요.

엄상궁, 아니 순헌황귀비는 평민 신분으로 황귀비까지 올라서였던지 여성 교육에 관심이 많으셨어요. 그래서 제가 하고 있던 여성 교육 사업에 많은 도움을 주셨답니다. 황귀비의 도움으로 설립된 학교가 진명여학교였지요.

황귀비는 친척 조카인 엄주익이 양정의숙을 세우려고 할 때 황실의 토지를 내주었어요. 또한 숙명여학교 설립 때는 자금과 토지를 대주기도 했고요. 이화학당과 배재학당에도 후원금을 내는 등 교육 사업에 많은 관심을 가지고 있었답니다.

알아두면 달콤해지는 키워드

이경숙 이화학당 최초의 조선인 교사. 메리 스크랜턴의 양녀가 되어 이화학당에서 공부했다.

진명여학교 1906년 4월 21일 건립된 여학교. 순헌황귀비의 도움으로 세워졌다.

하란사 교육가. 한국 여성 최초로 미국에서 학사 학위를 받았고, 여성 계몽운동에 앞장섰다. 원래 성은 '김'이지만, 유학 당시 남편의 성을 따라 성을 '하'로 바꾸었다.

메타 하워드 조선에서 활동한 최초의 서양인 여의사. 보구녀관에서 여성 환자들을 진료했다.

여메레 여성 활동가. 이화학당에서 공부했으며, 진명여학교 설립에 참여하였다.

삼일소학당 1902년 메리 스크랜턴이 세운 여성 교육 기관. 경기도 수원에 있으며 졸업생으로 우리나라 최초의 여성 서양화가 나혜석이 있다.

순헌황귀비 고종의 후궁. 엄상궁으로 불렸으며, 명성황후가 죽은 뒤 궁으로 돌아와 황귀비가 되었다.

스크랜턴이 세운 또 하나의 학교. 명신여학교의 현판

메리 스크랜턴, 그 이후

1909년 77세가 된 메리 스크랜턴은 조용히 눈을 감았다. 조선 왕실에서 보낸 관리가 관을 향해 세 번 절을 할 정도로 왕실에서도 메리의 죽음을 크게 슬퍼했다. 그리고 메리의 관을 따르는 행렬이 8킬로미터에 이를 정도로 수많은 사람이 마지막 순간을 함께했다. 조선에 묻히고 싶다는 메리의 유언에 따라 한강 근처 양화진 외국인 선교사 묘원으로 향하는 장례 행렬은 왕비의 장례에 비할 정도로 길게 이어졌다.

환자를 생각한 의사 윌리엄 스크랜턴

윌리엄 스크랜턴은 어머니 메리 스크랜턴과 함께 조선으로 건너왔다. 예일대학과 뉴욕의과대학을 졸업하고 의사로 일하던 중 의료 선교에 나선 것이다. 윌리엄 스크랜턴은 제중원에서 의사로 일하다가 나와서 시병원을 설립하고 보구녀관 설립에도 참여했다. 사람들에게 빈 병을 가져와 약을 타 가라고 할 정도로 환자를 생각하고 많은 교회와 병원을 세우고 여러 곳을 다니며 환자를 치료했다. 1917년 일본으로 건너가 고베에서 세상을 떠났다.

제중원의 옛 모습

호머 헐버트
Homer B. Hulbert

> 죽어서도 웨스트민스터 사원보다 조선에서 잠들고 싶어요.

국적 미국

출생 1863년

직업 학자

입국 1886년

거주지 서울, 전국

• 위인 인터뷰 •

왜 조선이라는 나라에 그렇게 관심을 가지셨나요?

"헐버트, 조선이라는 나라에서 교사를 구한다는데 혹시 생각이 있니?"

"조선이라고요?"

"그래. 동쪽 아시아에 있는 작은 나라인데, 미국에 정식으로 교사 파견을 요청했다고 하는구나."

아버지의 말에 저는 영국의 다트머스 대학을 다닐 때 마주쳤던 조선인의 모습이 떠올랐어요.

'그때 흰 옷을 입고 있던 사람들이 바로 조선인이라고 했는데……'

그들의 옷차림과 선한 인상이 오래 기억에 남았는데 다시 조선에 대한 이야기를 들을 줄 몰랐지요. 정말 신기한 우연이었답니다.

"저를 원하는 곳이라니 꼭 가고 싶어요."

저는 조선이 어디에 있는지도 몰랐지만 흔쾌히 결정했습니다. 그리고 조선으로 가기 전까지 조선의 역사에 대해 알아보았어요. 조선에 대한 책이 많지 않았지만, 공부를 하다 보니 조선의 긴 역사와 문화에 큰 매력을 느꼈지요.

'조선이라는 나라는 그 나라만의 고유한 문자를 쓰는구나. 한글이라고?'

제가 조선에서 학생들을 가르치려면 우선 그들의 언어를 알아야 한다고 생각했어요. 그래서 한글을 익히기 시작했답니다.

'아니, 서른 개도 안 되는 자음과 모음으로 모든 소리를 표현할 수 있다니!'

저는 단 4일 만에 한글을 모두 깨우친 뒤 한글의 편리함에 깜짝 놀랐어요. 그뿐이 아니었어요. 이 문자를 왕이 직접 만들었다는 걸 알고 더욱 놀랐지요. 백성의 불편함을 덜어 주기 위해 문자를 만들었다는 이야기를 들으니 당장 조선에 가 보고 싶었답니다. 하지만 막상 조선에 도착하니 조선에서는 한문을

높이 평가하고 한글을 천시하는 분위기였어요.

'안 되겠어. 내가 직접 나서서 한글의 우수성을 알려야겠어.'

저는 여러 학술지에 한글이 얼마나 위대한 문자인지를 알리는 글을 기고하기 시작했어요. 그리고 200종이 넘는 문자들을 비교하면서, 한글이야말로 현존하는 가장 훌륭한 문자이며 소통하는 데는 영어보다 우수하다고 극찬했지요.

조선에서도 한글을 더 많이 쓰는 분위기를 만들어야겠디고 싶어서 1890년 한글로 세계 지리와 문화에 대해 소개한《사민필지》라는 책을 썼어요. '선비와 백성이 꼭 알아야 하는 지식'이라는 뜻이지요. 존경하는 세종대왕이 한글을 만든 것처럼 저도 지식인들뿐만 아니라 일반 백성들이 근대 지식을 배울 수 있는 책을 만들고 싶었거든요. 물론 세종대왕의 업적과는 견줄 수 없겠지만요. 우주부터 세계 지리, 세계 각국의 정부 형태, 풍습, 교육, 군사력까지 기초적인 내용들을 책에 담았어요. 다른 나라를 부르는 지명도 이때 만들었지요. 하지만 일본은 1909년 이 책을 출판하거나 판매하지 못하게 금지해 버렸답니다. 조선인들이 근대 지식을 배우면 다루기 힘들 거라고 생각했기 때문이었죠.

저는 교사 계약이 끝난 뒤 미국으로 돌아가야 했어요. 하지만 조선을 떠날 때부터 다시 돌아올 계획이었고, 1893년 선교사의 신분으로 다시 조선 땅을 밟았지요.

그런데 조선에 다시 온 지 얼마 안 되어 명성황후께서 잔인하게 죽임을 당한 사건이 발생했어요. 어떻게 한 나라 황후의 목숨을 궁 안에서 빼앗을 수 있단 말입니까! 다른 선교사들은 조선의 정치에 나서는 걸 꺼렸지만 저는 가만히 있을 수 없었어요. 고종의 침전에서 불침번까지 서겠다고 나섰지요. 그 일로 저는 고종의 신뢰를 크게 얻었고 더 많은 일을 맡으며 한글에 대한 연구도 계속해 나갔어요.

저는 한글을 연구하면서 띄어쓰기가 없다는 점이 불편하다고 느꼈어요. 알아보니 1877년에 존 로스 선교사가 한글에서 띄어쓰기를 시도한 적이 있긴 하더라고요. 그래서 서재필 씨와 〈독립신문〉을 만들면서는 순한글로 기사를 쓰고, 한글 띄어쓰기를 적용해 알리기로 했습니다.

한글에 대한 애정 못지않게 저는 조선의 역사와 문화에도 관심이 많았어요. 미국에서 조선에 관한 책을 구하려고 했을 때 정말 찾기 어려웠거든요. 미국의 동양학자 윌리엄 그리피스가 쓴 게 하나 있었는데, 이 사람은 조선에 가 본 적도 없이 일본 자료를 가지고만 책을 썼더라고요. 상상으로 지어 낸 이야기에 불과했어요.

"은둔의 나라…… 난쟁이 제국……. 조선에 가 보지도 않고 이런 글을 쓰다니!"

이 책 때문에 미국의 천문학자이자 외교관인 로웰이 쓴 《고요한 아침의 나라(Choson, the Land of the Morning Calm)》도 제목부터 조선을 잘못 소개하고 있었어요. 저는 정말 화가 났습니다. 그래서 조선에 있는 외국인들에게 조선에 대해 알리는 월간지 〈코리아 리뷰(Korea Review)〉에 그리피스의 글이 오류투성이라는 반박문을 실었어요.

'조선(朝鮮)'의 '선(鮮)' 자는 곱다, 아름답다는 뜻이었어요. 하지만 영어로 번역하면서 조용하다, 고요하다는 의미가 되어 버렸지요. 언뜻 보면 점잖은 선비처럼 표현한 것도 같지만 영어로 보았을 때는 조선이 정적이며 정체되어 있는 이미지가 떠오르거든요. 조선을 제대로 번역한다면 'Radiant Morning' 즉 '서광이 빛나는 아름다운 아침(의 나라)'으로 써야 하지요.

하지만 세계에서 조선이 어떤 평가를 받는지 조선 사람들은 알지 못했어요. 조선은 서양에 대해 안 좋은 감정을 가진 채 계속 문을 걸어 잠그고 있었으니까요. 그렇지만 어쩔 수 없이 근대화가 필요한 시대가 왔고, 하나둘 항구도 개항하며 점차 변화가 시작되었단 말이에요. 그러니 싫더라도 근대 교육을 받아야 했어요.

"조선인들이 역사와 문화를 배워야 힘을 기를 수 있을 거야."

저는 조선의 문화와 역사를 담은 교과서를 펴내야겠다고 생각하고 제자 오성근에게 이 일을 맡겼어요. 한글로 쓴 역사 교과서 《대한역사》는 한참 뒤인 1908년에 겨우 상권이 출간되었는데, 일제가 이 책을 발행 금지시켰고 경찰들이 들이닥쳐서 모두 불태워 버렸다고 하더군요. 제가 펴내는 책마다 이런 일을 겪다니……. 저는 미국에서 그 소식을 듣고 미국 정부를 통해서 일본에 항의하려고 했어요. 하지만 이런 일에 관심을 갖는 사람들은 없었지요.

저는 〈코리아 리뷰〉에 4년 동안 조선 역사에 관한 내용을 연재하기도 했어요. 그때 고종께서 배려해 주신 덕분에 귀한 책들을 저만 예외로 볼 수 있었어요.

"필요한 어떤 자료도 자네만은 볼 수 있도록 허락하겠네."

《대한역사》를 보고 있는 헐버트와 오성근

그렇게 연재한 기사는 1905년 《한국사(The History of Korea)》라는 책으로 출간했어요. 이어서 1906년에는 《대한제국 멸망사(The Passing of Korea)》를 출간했는데, 조선이 나라를 빼앗기고 고난을 겪는 과정을 담았어요. 조선이 주권을 빼앗긴 것은 열등한 민족이어서가 아니라, 관리들의 부패와 무능, 일본의 야만적인 태도와 미국 때문이었잖아요. 미국은 조선과 조미 수호 통상 조약을 맺었음에도 일본과 밀약을 맺고 조선을 저버렸고요.

게다가 강제로 을사늑약이 체결돼 조선의 충신들이 자결하는 마당에 미국 공사는 샴페인 잔을 들고 있었다니! 같은 미국인으로서 정말 화가 나는 일이었어요. 그래서 저는 미국에 있는 동안에도 조선의 독립을 위해 할 수 있는 일들을 해 나갔답니다.

위인 인터뷰

그때 조선은 국제 무대에서 어떤 처지였나요?

저는 고종께서 나라를 되찾기 위해 얼마나 많은 노력을 하셨는지 가까이에서 본 사람입니다. 또한 조선이 당당한 주권 국가로 서는 걸 간절히 바란 사람이고요. 하지만 1905년 을사늑약으로 조선은 일본에 외교권을 빼앗기게 됩니다. 다른 국가들이 조선의 일에 관여하지 못하게 하고, 조선을 일본의 식민지로 삼기 위한 첫걸음이었지요. 고종께서는 끝까지 조약을 맺지 않으려고 거절했지만 을사오적들은 나라를 팔아먹는 파렴치한 짓을 하고 말았습니다.

"네덜란드의 헤이그에서 제2회 만국평화회의가 열린다고 합니다. 믿을 수 있는 사람을 골라 특사를 보내 조선의 상황을 알리시는 게 어떻겠습니까?"

　만국평화회의는 세계 평화를 이루기 위해 군비를 줄이고, 평화를 유지하는 것 등을 협의하는 국제회의였어요. 1907년 44개 나라의 대표가 참석하기로 되어 있었는데, 그때 일본의 만행을 알리면 조선에 도움이 될 것 같았어요.

　고종께서는 기뻐하시며 저에게 아홉 개 나라의 대표를 만나 전해 달라며 직접 쓴 편지를 건네셨답니다. 그리고 이상설과 이준, 이위종을 헤이그에 특사로 보내는 일을 비밀리에 진행하셨지요. 일본이 주시하고 있는 상황이라 세 사람은 각각 다른 시기에 다른 장소에서 머물다가 헤이그에 도착했어요.

　특사들은 도착하자마자 한국 대표로 회의에 참석할 수 있도록 해 달라고 요청했지요. 하지만 다른 나라들은 외교권이 없는 조선의 대표를 회의에 참석하도록 허락하지 않았답니다. 누구도 회의에 참석할 수 없었어요.

　이 일이 실패로 끝난 뒤 이준은 그곳에서 눈을 감았고 이상설과 이위종도 조선으로 돌아올 수 없었어요. 몰래 이런 일을 벌이고 있다는 걸 일본이 알고는 단단히 벼르고 있었으니까요. 헤이그에 특사를 보낸 목적은 이루지 못했지만 다행히 기사가

헤이그로 파견된 세 명의 특사
왼쪽부터 이준, 이상설, 이위종

나면서 을사늑약이 부당하고 조선은 독립하고자 한다는 걸 세계에 알린 계기가 되었어요.

  하지만 고종께서는 그 화를 피하지 못하셨답니다. 일본은 헤이그 특사 파견을 구실로 1907년에 고종을 강제로 자리에서 끌어내리고, 보복으로 열한 살이었던 황태자를 일본에 볼모로 끌고 갔거든요. 저 역시 조선으로 들어오지 못하고 미국에서 독립운동을 지원할 수밖에 없었지요.

알아두면 달콤해지는 키워드

주시경 한글학자. 〈독립신문〉의 교정을 보았고, 《우리말큰사전》 편찬 작업에 참여했다.

오성근 헐버트의 관립중학교 제자. 헐버트를 도와 《대한역사》를 집필했으며, 단군부터 고려 말까지를 다룬 상권을 1908년에 출간했다.

《대한역사》 순한글로 간행한 역사 교과서. 분량은 307쪽이며 역대 국왕을 중심으로 한 편년체로 서술히였다.

존 로스 영국의 선교사. 만주의 고려문에서 이응찬의 도움으로 한글 띄어쓰기를 적용한 한국어 교재 《조선어 첫걸음》을 만들었다.

육영공원 최초의 근대적 공립학교. 양반집 자녀들에게 근대 교육을 시키기 위해 1886년 개교했다. 헐버트, 빌모어, 벙커 등이 미국에서 교사로 초빙되었다.

아리랑 악보 헐버트는 우리나라에 전해 오던 민요 아리랑의 악보를 처음으로 만들어 세계에 소개했다.

헐버트가 채록한 아리랑 악보

호머 헐버트, 그 이후

헤이그 특사 파견 사건으로 헐버트는 미국에 발이 묶여 돌아오지 못했다. 하지만 미국에서도 조선에 관한 일이라면 빠지지 않았다. 한인자유대회 등 강연회를 다니며 조선인이 반드시 나라를 되찾을 것이라고 격려하고 일본을 비판했다. 1949년 헐버트는 86세의 나이에 대한민국 정부의 초청으로 한국을 방문하였다. 그리고 자신이 사랑하고 그리워했던 나라 조선에서 일주일을 보낸 뒤 조용히 눈을 감았다. 1950년 대한민국 정부는 헐버트에게 외국인 최초로 건국공로훈장 태극장을 추서하였다. 한글의 우수성을 알리려 노력한 공로로 2014년 10월 9일 한글날에는 금관문화훈장을 추서하였다.

고종의 비자금을 찾아라!

1909년 헐버트는 몰래 조선으로 돌아와 고종의 은밀한 부탁을 받았다. 상하이에 있는 독일계 은행에 숨겨 놓은 돈이 있는데, 찾아서 조선을 위해 써 달라는 것이었다. 그때 헐버트는 둘째 딸이 위독하다는 연락에도 조선에 남아 고종의 돈을 찾는 데 몰두했다. 하지만 돈은 친일파 대신들이 빼돌려 일본 정부에 넘어간 뒤였다. 약 51만 마르크(현재 가치 약 250억 원)나 되는 큰돈이었다. 헐버트는 심지어 그의 나이 여든이 넘은 1948년에도 이승만 대통령에게 관련 서류를 보내는 등 평생 그 돈을 되찾으려고 노력했지만 결국 뜻을 이루지 못하고 고종의 내탕금은 역사 속에 묻히고 말았다.

프랭크 스코필드
Frank W. Schofield

> 불의에 항거해야 해방될 수 있습니다!

- 국적 영국
- 출생 1889년
- 직업 의사
- 입국 1916년
- 거주지 서울

· 위인 인터뷰 ·

어떻게 조선의 독립을 위해 행동하게 되셨나요?

아홉 살 무렵, 제 아버지는 영국 시골 마을의 한 학교에서 학생들을 가르치는 일을 했는데 조선인 유학생도 한 명 있었습니다. 그는 가끔 저희 집에 방문하기도 했지요.

"저기, 조선은 어디에 있는 나라예요? 거기 사람들은 모두 머리가 까만가요?"

"그래요. 조선은 아시아 동쪽 끝에 있는 아름다운 나라랍니다."

미소를 지으면서 나라를 소개하는 그분의 모습이 제 기억에 그렇게 오랫동안 남을 줄이야. 그것이 조선과 저의 첫 인연이었지요.

저는 영국에서 공부를 마친 뒤 의학 공부를 위해 캐나다로 건너가 토론토 대학에서 박사 학위를 받았어요. 그리고 세균학 교수 자리를 얻어 일찍 자리를 잡고 평화롭게 살고 있었답니다. 그러던 어느 날 한 통의 편지를 받았어요.

'나는 지금 조선에 있네. 여긴 사람들이 제대로 치료를 받지 못해 목숨을 잃고 있으니 자네가 와 주면 좋겠네.'

존경하던 에비슨 교수님이 보낸 편지가 제 가슴속에 잠들어 있던 불씨를 타오르게 했지요. 에비슨 교수님은 1893년 조선으로 가서 환자들을 치료하고 당시에는 연희전문학교와 세브란스 의학전문학교의 교장으로 계셨어요.

저는 에비슨 교수님의 편지를 여러 번 읽고 오래 고민한 다음 아내에게 말했습니다.

"아무래도 나, 조선으로 가야겠어."

제 말에 아내는 얼굴 표정이 바뀌더군요.

"몸도 성치 않은 사람이…… 말도 안 돼요!"

아내의 말처럼 저는 지팡이 없이는 제대로 걷지 못하는 상태였어요. 의과 대학을 다닐 때 소아마비에 걸려 후유증으로 오른쪽 다리와 왼팔을 제대로 쓸 수 없었거든요. 그때만 해도 제가 무사히 공부를 마치고 의사가 될 거라고는 생각하지 못했어요. 하지만 덕분에 더 약자를 돕고 싶은 마음을 갖게 된 것 같아요.

"조선에는 내가 구할 수 있는 수많은 생명들이 있어. 내가 가지 않는다면 그들은 그저 치료를 받지 못해서 죽게 될 거야."

아내와 가족들, 친구들은 왜 제가 캐나다 대학 교수 자리를 그만두고 어디 있는지도 모르는 동양의 '조선'이라는 나라로 가겠다는 것인지 이해하지 못했어요. 하지만 아내는 제 의지를 꺾을 수 없다는 걸 알기에 저와 함께 조선에 가기로 했답니다.

저는 모든 준비를 마치고 1916년 조선에 도착했어요. 그리고 오자마자 세브란스 의학전문학교에서 세균학을 가르치기 시작했는데…… 거기서 제가 누굴 만났는지 아시나요? 어릴 적 제게 처음 조선에 대해 알려준 여병현 선생이었어요. 저는 그를 알아보자마자 무척 반가워 서툰 한국어로 '아저씨!'하고 불렀지요.

그렇게 시간이 흘러 1919년이 되었어요. 세브란스 의학전문학교 졸업생인 이갑성이 저를 찾아와 이렇게 말했습니다.

"2월 8일에 일본에서 유학생들이 독립 선언을 할 계획입니다. 국내에서도 준비를 하고 있는데 저희 활동을 사진으로 남겨 알리고 싶습니다."

이갑성은 영어를 잘해서 국내 학생들과 외국인들 사이에서 연락을 담당하고 있었어요. 조선 사람들이 국내와 만주 등지에서 교육 사업을 하거나 항일 무장 투쟁을 하고 있다는 걸 알고 있었지만 비밀리에 독립 선언까지 준비하고 있다니!

'나의 조국 영국을 사랑하지만 영국이 식민지를 가지는 것은 반대야. 힘 있는 나라가 다른 나라를 지배하는 것은 잘못이야.'

저는 기꺼이 사진을 찍는 일을 맡겠다고 했어요. 식민지 조선의 진짜 모습을 알리기 위해서는 사진보다 효과적인 것도 없거든요.

민족 대표 33인이 1919년 3월 1일 태화관에 모여 독립 선언을 하고 잡혀간 뒤, 종로의 파고다 공원에 모여 있던 사람들은 '대한 독립 만세'를 외치며 거리를 행진했어요. 수많은 사람들이 종로와 광화문 일대를 가득 채웠고, 만세 소리는 하늘을 찔렀지요. 저는 사진기를 들고 사람들의 모습을 찍기 시작했습니

다. 높은 곳에서 찍으려고 일본인 집 베란다에 올라갔다가 도둑으로 오해받고 쫓겨나기도 했지요.

태극기를 들고 목이 터져라 만세를 외치던 수많은 조선 사람들의 모습은 정말 감동적이었어요.

'나는 영국 사람이니까 일본도 나를 어쩌지 못할 거야. 할 수 있는 한 이 모습을 남기고 알려야겠어.'

이후 저는 죄 없이 잡혀간 독립운동가를 빼내려고 감옥을 찾아다니면서, 또 그런 순간들을 사진에 담았어요.

한 달쯤 지나자 서울에서는 일제의 탄압이 심해 만세 운동이 줄어드는 듯했어요. 그런데 4월 17일에 끔찍한 소식을 들었어요. 이틀 전, 수원(현재의 화성) 제암리에서 대규모 학살이 있었다는 거예요. 서울에서는 외교관이나 기자, 선교사들의 눈이 있으니 심하게 탄압할 수 없었는데, 외국 사람이 없는 지방에는 경찰을 보내 만세 운동을 무자비하게 진압하도록 명령을 내린 거지요.

저는 당장 사진기를 들고 제암리로 향했어요. 하지만 일본 헌병이 제암리로 통하는 길을 가로막았어요. 저는 어쩔 수 없이 자전거를 타고 다른 곳으로 가는 척하며 겨우 따돌린 뒤, 언

덕과 흙길을 지나서 고생 끝에 제암리로 들어갔어요. 폐허가 된 마을을 살피며 저는 암담했습니다.

"거기, 당신! 무슨 일이지?"

경찰과 마주쳐 정체가 탄로 나기 직전이었어요. 그런데 하늘이 도우셨는지 마침 일본에서 건너온 선교사들이 제암리를 방문해 둘러보고 있었어요. 그래서 저는 선교사 무리에 섞여 위기를 넘길 수 있었답니다.

저는 몰래몰래 제암리의 모습을 사진에 담았어요. 손이 덜덜 떨려서 사진을 찍기 힘들 정도였지요. 저는 제암리의 끔찍한 진실에 대해 쓰고 제가 찍은 사진과 함께 해외 언론사에 보내어 일본의 만행을 알렸어요. 사실이 아니라던 일본도 사진으로 똑똑히 남아 있으니 시인할 수밖에 없었지요. 하지만 학살에 가담한 군인들은 가벼운 처벌만 받고 사건은 잊혔어요.

저는 이후 여러 번 수원을 방문하면서 기차를 이용했는데, 한번은 기차 안에서 이완용을 만났답니다. 을사늑약을 맺도록 돕고 조선인들을 악랄하게 탄압한 이완용은 조선인의 탈을 쓴 일본인이나 마찬가지였지요.

"어떻게 하면 구원을 받을 수 있겠소?"

제가 선교사 자격으로 조선에 와 있다는 걸 알고 이렇게 묻더군요. 말쑥하게 일본인처럼 차려 입고 뻔뻔한 소리를 하니 화가 치밀어 올랐어요. 조선인들을 고통 속에서 살게 해 놓고 자신은 구원을 받겠다니!

"2천 만 조선 백성에게 진심으로 사죄하지 않고서는 구원받을 수 없을 것이오."

저는 이렇게 말하고 그와 같은 공간에 있기 싫어 자리를 옮겼어요.

이후 저는 일본의 만행을 사진으로 담기 위해 여러 곳을 다니다가 일본이 발행하는 영어 신문 〈서울 프레스(The Seoul Press)〉를 보게 되었어요. 기사 중에 서대문 형무소에 대한 내용이 나오는데, '훌륭한 기술자를 키우기 위한 곳이며 편안한 곳'이라고 소개하고 있더군요.

'서대문 형무소는 독립운동을 벌인 중요 인물을 가두고 끔찍하게 고문하는 곳으로 면회나 방문조차 허락되지 않는데……'

저는 당장 서대문 형무소 기사를 비판하는 내용을 〈서울 프레스〉로 보냈어요. 그 편지로 서대문 형무소에 직접 방문할 수 있게 된 저는 평소 알고 지내던 독립운동가 노백린 장군의 딸

노순경을 찾았지요. 그는 세브란스 병원에서 일하던 간호사였는데 만세 운동에 참가했다가 이곳에 갇혀 있었거든요. 노순경은 유관순을 비롯해 어윤희, 이애주, 엄명애 등과 여자 감방 8호실에 있었어요. 다들 수척했지만 눈빛에서는 기개가 느껴져 저는 존경심을 느끼지 않을 수 없었어요.

얼마 후, 세브란스 병원에 실려 온 이애주를 통해 노순경 역시 심한 고문으로 일어서지도 못한다는 얘기를 들었습니다. 당장 총독을 찾아가 강력하게 따졌고 다행히 노순경은 고문에서 벗어날 수 있었지요.

이 일로 저는 자유를 위해 굽히지 않는 여성 독립운동가들을 돕는 일에 더욱 힘을 쏟았어요. 그때 대한애국부인회가 한 간부의 배신으로 간부와 회원들이 검거되어 대구 감옥에 수감되었다는 소식을 들었어요. 저는 당장 대구로 내려갔지요. 평소 친분이 있었던 김마리아 씨는 심한 고문으로 쳐다보기 힘들 정도였답니다. 저는 약을 구해 몇 번이나 대구를 찾았고 새로 부임한 총독을 찾아가 항의했어요. 다행히 영친왕의 결혼 기념으로 모두 사면되어 풀려났는데, 그들이 다시 학교를 세우는 등 독립 의지를 불태우는 모습을 보고 큰 감동을 받았습니다.

'이것은 끌 수 없는 불꽃이구나.'

저는 일제의 만행을 담은 글을 쓰고 제목을 '꺼지지 않는 불꽃(Unquenchable Fire)'이라고 지었어요.

영국인이지만 누구보다 조선의 독립운동에 많이 관여하고 있었기 때문에 일본은 항상 저를 감시했어요.

그러던 1920년 4월 늦은 밤이었습니다. 누군가 제 방 창문을 넘는데 그때까지 저는 깨어 있었답니다. 그 사람은 창문을

넘어 발 디딜 곳을 찾지 못해 곤란해하더라고요. 저는 얼른 어깨를 내주며 디디고 내려오라고 했답니다. 깜짝 놀란 남자가 칼을 떨어뜨린 걸 보고 그제야 '아, 이 사람이 나를 죽이러 왔구나' 싶었지요.

"죄송합니다, 선생님. 일본인이 돈을 주며 선생님을 죽이라고 했는데……. 도저히 그럴 수가 없습니다. 죄송합니다."

저는 이 사건이 오히려 저에게 도움이 될 거라고 생각했어요. 일본이 사람을 시켜 영국인을 죽이려고 한 사건이잖아요. 일본인들은 이제 대놓고 저를 어떻게 해 볼 엄두를 내지 못했지요. 대신 다른 방법을 찾아서 세브란스 의학전문학교에 압박을 넣었어요. 결국 저는 캐나다로 돌아가게 되었답니다. 캐나다로 가져갈 짐을 챙기며 '꺼지지 않는 불꽃' 원고와 사진을 들키면 어떡하나 싶었는데 일본은 또 문제가 생길까 싶어 검열 없이 저를 보내 주었어요. 그렇게 챙긴 자료를 가지고 저는 캐나다에서도 조선의 상황을 알리고 일제를 비판하는 일을 멈추지 않았어요.

위인 인터뷰

당시 조선에서는 무슨 일이 벌어졌나요?

　1919년 3.1운동은 예상보다 훨씬 큰 만세 운동으로 번져 갔습니다. 일본은 3.1운동에 나선 사람들을 잡아가 고문하며 만세 운동의 불길을 끄려 했지요. 하지만 시위 소식이 주변 마을로 전해지면서 불길은 더욱 거세졌지요.

　경기도에 있는 수촌리와 제암리는 3월 말에야 서울의 만세 운동 소식을 듣고 '대한 독립 만세'를 외치며 만세 운동을 시작했어요. 일제는 총을 쏘며 위협했고, 조선인들은 돌을 주워 일본 경찰에게 던지며 맞섰지요. 일본인 소학교, 일본인이 운영하는 가게, 일본인 가옥 등에 불을 지르기도 했어요. 일본 경찰은 시위를 주도하는 사람과 시위대에 총을 쏘거나 칼을 휘둘렀고, 붙잡은 사람들을 고문했지요. 일본은 4월 5일 새벽 수촌리에 들어가 불을 질러서 마을을 잿더미로 만들었어요. 그럼에도 만세 운동이 수그러들지 않자 이번에는 제암리로 군대를 보냈지요. 처음에 일본 군대는 과도한 만세 운동 진압을 사죄하겠다면서 15세 이상 남성들은 제암리 감리교회에 다 모이라고 했어요.

"이제야 일본도 우리가 무서운 줄 알고 사과라도 할 모양이지."

"무슨 말을 하나 들어나 봅시다!"

청년들은 아무런 의심 없이 하나둘 교회로 모여들었어요. 하지만 예상과는 달리 일본 군대는 문을 잠그고 창문으로 총구를 겨누고 청년들을 향해 총을 쏘기 시작했어요.

"탕! 탕! 탕!"

그런 다음 교회 건물에 기름을 붓고 불을 질렀어요. 불길은 교회에서 마을로 옮겨 붙었고, 일본 군인들은 일일이 다니면서 집을 불태웠어요. 교회에서 불이 난 것을 보고 달려온 아내들도 총에 맞아 목숨을 잃었으며, 시위를 주도했던 사람들의 가족들까지 희생되었어요.

　제가 찍은 사진으로 이 사건이 알려지자 일본은 우발적으로 일어난 것이라고 변명했어요. 하지만 제암리 주민들의 이름이 적힌 명단까지 준비해 사전에 계획했다는 사실이 밝혀졌지요. 그 일로 일본군은 재판을 받긴 했습니다. 하지만 어쩔 수 없는 일이라며 무죄 판결을 받았다는군요. 제암리 학살 사건은 잔인한 일제의 면모를 보여 주는 대표적인 만행 중 하나였어요.

알아두면 달콤해지는 키워드

꺼지지 않는 불꽃 일제의 만행을 담은 기록. 일제가 독립운동가를 고문하고 탄압한 사실과 3.1운동에 대해서 스코필드가 쓴 보고서이다.

에비슨 의사이자 선교사. 제중원을 맡아서 운영했으며 현대식 병원인 세브란스를 건립했다. 스코필드에게 조선으로 오도록 요청하기도 했다.

목원홍 스코필드의 한국어 선생이자 통역가이다.

대한애국부인회 항일여성단체. 서울, 평양을 중심으로 활동하였다. 군자금을 모으고 전하는 일을 주로 하였으며 교사, 간호사 들이 많았다.

김마리아 독립운동가. 국내뿐 아니라 상하이 등지에서 독립운동에 나섰으며 미국에 건너가 여성독립운동 단체인 근화회를 조직해 활동했다.

〈서울 프레스〉 조선통감부 기관지. 1905년 영국인 하지가 창간하였으나 주한 일본공사관이 매수하였다. 일제의 침략을 선전하는 역할을 하였으며 1937년 폐간되었다.

이갑성 독립운동가. 세브란스 의학전문학교를 졸업하고 민족 대표 33인의 한 사람으로 독립 선언서에 서명했다. 상하이로 망명해 활발히 독립운동을 했다.

김정혜 정화여학교 설립자. 1908년 자신의 집에서 정화여학교를 열어 여성 교육에 앞장선 교육자로 스코필드가 어머니라고 불렀다.

프랭크 스코필드, 그 이후

3.1운동 당시 현장 사진

스코필드는 일본의 방해로 세브란스 의학전문학교와 계약이 끝난 뒤 캐나다로 떠날 수밖에 없었다. 이때 3.1운동과 독립운동가에 대해 1년 동안 모은 자료를 정리해 '꺼지지 않는 불꽃'이라고 적은 원고와 사진을 가지고 돌아갔다. 1958년 스코필드는 그리워하던 한국으로 다시 돌아와 서울대학교 수의과 대학에서 강의를 하며 한국의 의학 발전에 힘썼다. 그리고 1970년 국립중앙의료원에서 세상을 떠났는데 외국인 최초로 국립현충원에 안장되었다. 2016년 스코필드 박사 내한 100주년 기념 사업회 발족식에서 '꺼지지 않는 불꽃' 원본이 처음으로 공개되었다.

스코필드에게 한국 이름이?

스코필드의 한국 이름은 한자로 석호필(石虎弼)이다. 돌 석(石), 호랑이 호(虎), 도울 필(弼) 자로 '호랑이처럼 용맹하고 돌처럼 굳은 의지로 어려운 사람을 돕는다'는 뜻을 담고 있다. 스코필드는 제자들에게 항상 '약자에겐 비둘기같이 자애롭게, 강자에겐 호랑이같이 엄격하게'라는 말을 당부했다고 하는데 이 말은 한국 이름 석호필의 의미와도 같다.

어니스트 베델
Ernest Bethell

> 내가 죽더라도 대한매일신보는 영원히 살아서 조선을 돕기를…

- 국적 영국
- 출생 1872년
- 직업 언론인
- 입국 1904년
- 거주지 서울

위인 인터뷰

조선을 위해 펜을 들게 된 이유는 무엇이었나요?

'조선으로 갈 특파원을 구한다고?'

1904년 러일전쟁이 발발하자, 영국의 신문 〈데일리 크로니클〉에서 전쟁이 한창인 조선으로 넘어가 취재할 사람을 찾는다고 했어요. 저는 10대 후반부터 일본 고베에서 무역 일을 해 왔는데, 마침 일을 접고 쉬고 있던 차였지요. 새로운 일을 해 보는 것도 괜찮을 것 같고, 일본과 러시아가 조선을 놓고 전쟁을 벌이고 있다니 궁금하기도 해서 특파원으로 지원해 처음 조선에 오게 되었어요.

하지만 막상 와 보니 일제의 탄압으로 고통받는 조선 사람들의 모습을 그냥 두고 볼 수만은 없었어요.

'이건 잘못되었어. 일본의 실체를 알려야겠어.'

저는 〈데일리 크로니클〉을 그만두었어요. 영국은 1902년 일본과 영일동맹을 맺으면서 일본이 세력을 키워 가는 것을 지지하는 입장이었거든요. 러시아를 견제하기 위해서 영국은 일본을 선택한 것이지요. 저는 제가 직접 본 조선의 상황과 일본을 비판하는 글을 써서 신문에 실었어요.

그러던 중 양기탁 씨가 저를 찾아왔어요.

"조선의 상황을 잘 알고 계실 테니 한 가지 부탁을 드리려고 합니다. 신문사를 창간하려고 하는데 베델 씨가 사장을 맡아 주셨으면 합니다."

양기탁 씨는 저보다 한 살 위였는데 독립협회 회원으로 만민공동회에 참여하는 등 적극적으로 독립운동에 나서고 있는 분이셨죠. 독립협회가 해산되고 미국에서 공부를 하고 돌아오셨는데, 그때 한국인의 독립 의지와 일본의 실체를 널리 알리는 일이 무엇보다도 중요하다고 생각했다는군요. 하지만 한국인이 발행하는 신문은 일본이 하나하나 검열하고, 마음에 들지 않으면 정간시키기 일쑤였어요. 그렇게 탄압받은 대표적인 신문이 〈황성신문〉이었지요.

"좋습니다!"

저는 흔쾌히 승낙했고, 1904년 7월 18일에 〈대한매일신보〉와 영문판 〈코리아 데일리 뉴스(The Korea Daily News)〉 창간호를 발행했답니다.

이듬해인 1905년, 고종의 허락도 없이 다섯 명의 대신들이 찬성한 걸로 을사늑약이 체결되었습니다. 조선은 일본에 강제로 외교권을 빼앗기게 되었지요. 그 소식을 듣고 〈황성신문〉의 주필이었던 장지연 씨는 〈시일야방성대곡〉이라는 글을 실었는데, 조약에 찬성한 다섯 대신을 향해 '개돼지만도 못하며 도적과도 같다'고 신랄하게 비판했지요. 일본은 미리 검열을 받지 않았다며 3개월 동안 〈황성신문〉을 발행하지 못하게 했어요.

"우리 신문에 그 글을 게재합시다!"

우리는 〈대한매일신보〉와 〈코리아 데일리 뉴스〉에 한글과 영문으로 〈시일야방성대곡〉을 싣고 이후에도 부당한 조약 체결이나 일제의 탄압, 조선의 독립운동 상황에 대해 자세하게 글을 실었어요. 일제가 고종을 강제로 퇴위시켰을 때는 〈대한매일신보〉에서 호외로 알려서 전국에서 의병이 일어나기도 했어요. 박은식과 신채호, 양기탁 씨는 일본의 정책을 비판하는

내용을 꾸준히 신문에 실었지요.

그러자 일본은 정정 기사를 내라고 압박하거나 친일 신문에 우리를 비판하는 기사를 싣기도 했어요. 이때 영국인이라는 저의 신분이 큰 도움이 되었답니다. 일본과 영국이 맺은 영일동맹 때문에, 일본은 조선에서 활동하는 영국인을 잡아가거나 처벌할 수 없었거든요. 저는 '개와 일본인은 출입을 금한다.'는 간판을 신문사 앞에 떡하니 걸어 놓기도 했답니다.

일본은 정말 철두철미했어요. 조선의 경제까지 집어삼키기 위해 강제로 돈을 빌리게 하고 빚을 지도록 했거든요. 1907년 대구에서 국민이 나서서 빚을 갚자며 국채보상운동이 시작되었어요. 우리는 국민들이 보낸 의연금을 보관하는 국채보상지원금총합소를 신문사에 설치했어요. 그리고 국채보상운동을 알리고 항일 기사를 신문에 계속 실으며 참여를 호소했지요. 고종께서는 모든 통치권이 박탈당한 상황에서도 저에게 특별 위임장을 내리셨어요.

"신문과 통신의 전권자로 특히 위임한다."

게다가 비밀리에 운영비로 매달 1천 원을 보내 주셨답니다.

그러니 일본 입장에서는 제가 어떻겠어요? 눈엣가시지만 마음대로 붙잡거나 벌을 내릴 수 없으니 온갖 방법을 다 동원했지요. 결국 저는 서울 정동에 있는 영국 총영사관의 재판정에 서게 되었습니다. 〈대한매일신보〉가 한국인들에게 반일 감정을 일으키며 평화를 해쳤다고 6개월 근신과 보증금 300파운드를 선고받았어요. 그래도 그만둘 생각이 없었지요.

1908년 또 큰 사건이 일어났어요. 대한제국 외교 고문으로 있던 친일파 스티븐스가 샌프란시스코역에서 총에 맞은 일이었죠.

"미국에서 외교 고문이 조선인의 총에 맞았다고 합니다. 중태라는군요."

저격 소식을 듣자마자 우리는 신속하게 기사를 작성해 신문을 발행했어요.

'미국인 스티븐스가 미국 샌프란시스코에서 총을 맞아 중상을 입었는데 총을 쏜 자는 조선인. 어찌 이들의 애국 열성을 위로하지 않을 수 있겠냐!'

당시 스티븐스는 '을사늑약은 조선을 위한 것이며 조선인들도 환영하고 있다.'는 거짓말을 스스럼없이 하고 다닌 인물이에요. 초대 조선 통감 이토 히로부미의 허락을 받고 미국에서

휴가를 보내던 중이었는데, 그곳에서 기자회견이나 신문사 성명서에 '조선인은 독립할 자격이 없는 무지한 민족'이라는 말을 하고 다녔다는군요. 이를 참을 수 없었던 장인환과 전명운이 스티븐스 암살을 계획한 것이지요.

두 사람은 미국에서 일하고 있었는데, 마침 스티븐스가 샌프란시스코에서 워싱턴으로 갈 예정이라는 것을 알고 역에서 거사를 벌이기로 했어요. 스티븐스가 역으로 들어섰을 때 장인환과 전명운은 총을 발사해 부상을 입혔어요. 목숨이 위태로울 정도의 부상은 아니었는데, 며칠 뒤 수술 도중에 사망했지요. 우리는 이 사건을 〈대한매일신보〉에 자세히 실었는데, 그래서 일본인들은 더욱 저를 어찌하지 못해 안달이 났답니다.

일본은 저를 추방하려고 영국 정부에 저에게 벌을 내리라고 요구했어요. 저는 1908년 또다시 재판정에 서게 되었지요. 이번에는 그냥 넘어가지 않을 거라고 예상한 저는 제 비서였던 알프레드 만함에게 신문사를 넘기는 등 미리 대비하고 있었어요. 결국 금고 3주 형과 6개월 근신, 보증금 1,000엔을 선고받았고 중국 상하이의 영국 감옥에 갇히게 되었답니다. 물론 3주간의 금고 생활을 마치자마자 다시 조선으로 돌아왔지요.

 이어서 일본은 이번에는 양기탁 씨를 모함해 국채보상의연금을 횡령했다는 죄목으로 그를 잡아갔어요.

 "그럴 리가 없소! 일본이 모두 꾸민 짓이오!"

 저는 열심히 증거를 수집했고, 다행히 양기탁 씨는 무죄로 풀려났어요. 일본은 거기서 멈추지 않았지요. 저 역시 의연금을 횡령했다며 근거 없는 기사들을 써 대는 게 아니겠어요? 저는 적극적으로 아니라고 해명하며 거짓 기사를 실은 신문사에 소송을 걸었어요. 그리고 재판에 이겨서 3,000달러의 배상금을 받기도 했답니다. 하지만 사람들 사이에 불신이라는 씨앗이 싹트면 의심은 걷잡을 수 없나 봐요. 결국 가짜 뉴스 때문에 국채보상운동은 점차 와해되고 말았어요.

위인 인터뷰

조선인들은 위기 속에서 어떤 움직임을 보였나요?

일본은 청일전쟁 무렵부터 조선에 돈을 빌려주겠다며 나섰고, 1904년 제1차 한일협약 이후에는 더욱더 많은 돈을 강제로 빌려주었어요. 일본이 이렇게 한 이유는 조선이 일본에 돈을 빌리면 빌릴수록 일본에 기대게 될 것이라는 음흉한 속셈이 있었지요.

제1차 한일협약 때문에 스티븐스가 외교 고문으로 파견되었듯, 일본의 대장성 주세국장이었던 메가타 다네타로는 조선의 재정 고문으로 부임한 뒤 몇 년 동안 천만 원(현재 약 3,300억 원)이 넘는 돈을 일본에서 빌리게 했어요. 일본에 빌린 돈은 그냥 빌리는 것이 아니라 담보가 필요했기 때문에 돈을 갚지 못하면 나라 전체의 경제가 위태로울 지경이었지요.

그러자 1907년 대구에 있던 광문사의 사장 김광제 씨와 부사장 서상돈 씨는 나라의 빚을 갚자는 국채보상운동을 시작했어요. 광문사는 교육 운동을 하는 단체이자 책을 펴내는 출판사였어요. 두 사람은 1907년 2월 21일 〈대한매일신보〉에 국채보상운동 취지서를 발표했어요.

"우리가 계속 일본에 빚을 지고 이 돈을 갚지 못하면 나라가 망하고 말 것입니다. 3개월 동안 담배를 끊고 그 돈으로 빚을 갚아 나라를 위기에서 구합시다!"

이렇게 시작된 국채보상운동을 〈대한매일신보〉에서도 열심히 알렸답니다. 전국에 20개가 넘는 국채보상운동 단체가 설립되었어요. 국민들도 자발적으로 나섰고요. 사업가나 상인, 지식인층이 앞장섰고, 여성들은 아끼던 패물을 내놓았으며 하층민까지도 적극적으로 참여하는 국민적인 운동으로 번져 나갔답니다. 돈을 노리던 도적 떼가 국민들이 모은 국채보상금이라는 것을 알고 자신들이 가지고 있던 것까지 내주었다는 소문도 들렸습니다. 고종께서도 담배를 끊고 운동에 참여하겠다고 선언하셨지요.

국채보상운동에 한 푼이라도 보태려고 줄 선 사람들

양기탁 씨와 저는 대한매일신보사에 국채보상운동 의연금을 보관하는 국채보상지원금총합소를 설치하고 주도적으로 운동을 벌였는데, 일본은 우리가 모금한 돈을 마음대로 썼다며 사건을 조작했어요.

"베델, 양기탁 두 사람이 마음대로 3만 원을 소비하였다."

일본은 증거도 없이 양기탁 씨를 잡아 가두고, 비난 기사를 계속 써 댔어요. 양기탁 씨는 곧 풀려났지만 그럴 리 없다던 사람들도 의심하기 시작하면서 국채보상운동은 점점 힘을 잃고 서서히 사그라들고 말았답니다. 이것이 바로 일본이 노린 것이었지요.

국채보상운동을 실패라고 보는 분들도 있을지 모르겠습니다. 하지만 나라의 빚을 대신 갚겠다며 패물까지 내놓는 일은 세계에서도 유례를 찾기 힘든 일이랍니다.

알아두면 달콤해지는 키워드

〈황성신문〉 1898년에 창간된 신문. 일제의 간섭을 받다가 1910년 8월 28일에 강제 폐간되었다.

김광제 독립운동가. 대구 광문사 사장으로 서상돈과 국채보상운동을 시작했다.

서상돈 독립운동가. 독립협회와 만민공동회의 간부로 활동했으며 국채보상운동을 주도했다.

양기탁 독립운동가. 베델과 함께 〈대한매일신보〉를 창간했다. 안창호와 항일 비밀결사단체 신민회를 조직했다.

〈대한매일신보〉 베델과 양기탁이 창간한 신문. 베델이 사망한 후 〈경성일보〉에 인수되어 이름이 〈매일신보〉로 바뀌었다. 이후 일제에 유리한 소식만 전하는 조선총독부의 기관지가 되었다.

〈시일야방성대곡〉 장지연이 1905년 을사늑약에 대해 비판한 글.

시일야방성대곡 원문

어니스트 베델, 그 이후

1909년 봄, 베델은 심장병으로 한국에서 갑자기 숨을 거두었다. 상하이에서의 감옥 생활과 거짓 횡령 사건 등으로 몸과 마음이 많이 망가진 상태였다. 고종은 "왜 하늘은 무심하게도 그를 이리도 빨리 데려간 것인가!" 하고 비통해했다. 그리고 베델의 노력과 희생을 기리며 '배설'이라는 한국 이름과 관을 덮을 태극기를 내려주었다. 베델은 양화진 외국인 선교사 묘원에 잠들어 있는데 비석의 비문을 장지연이 썼다. 하지만 일제는 비문을 칼과 망치로 깎아 버려 알아볼 수 없도록 했다. 베델의 비문은 그로부터 한참 뒤 1964년 언론인들이 성금을 모아 작은 비석을 세워 복원했다.

경천사 10층 석탑을 되돌려 받은 외국인

경천사 10층 석탑은 1348년 고려 충목왕 때 대리석으로 만든 불탑이다. 원나라 황제와 고려 국왕의 장수와 복을 기원하며 만든 것으로 원나라의 양식을 따라 매우 화려하다. 1907년 일본의 궁내대신 다나카 미쓰아키가 경천사 10층 석탑이 탐이 나 황태자가 하사했다고 거짓말을 하고 무단으로 탑을 해체해 일본으로 가져갔다. 베델은 〈대한매일신보〉에 글을 실어 일본 관리가 석탑을 약탈했다고 강하게 비판했다. 호머 헐버트도 헤이그에서 이 내용을 여러 언론사를 통해 폭로했다. 세계 언론이 일본을 비난하자 결국 1918년 경천사 10층 석탑은 우리나라로 돌아올 수 있었다. 지금은 국립중앙박물관 중앙홀에 우뚝 서 있다.

후세 다쓰지
布施辰治

> 누구든지 양심의 소리를 들어야 합니다.

국적 일본

출생 1880년

직업 변호사

입국 1923년

거주지 일본

위인 인터뷰

일본인이면서 왜 조선의 편을 들기로 했나요?

"이 학생들은 자기 나라의 독립을 위해 독립 선언문을 낭독한 것뿐입니다. 이게 어떻게 내란 음모죄가 된단 말입니까?"

제가 조선 유학생들을 변호할 때 한 말입니다. 1919년 3.1 운동에 앞서 2월 8일 일본에 있던 조선 유학생들이 독립 선언을 했습니다. 일본 경찰은 독립 선언을 주도한 조선 유학생들을 내란 음모죄로 잡아들였지요. 이들은 이미 유죄를 선고받았는데, 변호를 맡은 일본인 변호사들은 유죄를 인정하고 형량을 가볍게 받는 쪽에 초점을 맞추었어요. 하지만 2차 변론부터 참여한 저는 조선 유학생들의 주장은 정당하다고 변호했어요. 결과적으로 학생들의 형량이 크게 달라지진 않았지만 그때 조선인들에게 제 소문이 났나 봅니다. 어느새 저는 '독립운동가 전문 변호사'가 되어 있었지요.

저는 1880년 11월 일본 미야기현의 농가에서 태어났어요. 어릴 적부터 아버지가 읽으시던 인문학책이나 유교 경전을 많이 읽으며 사람을 차별하면 안 된다는 생각을 갖게 되었어요. 그러던 어느 날, 동네 사람 하나가 이렇게 말하는 걸 듣고 깜짝 놀랐지요.

"내가 조선에 있을 때 농기구를 들고 싸우겠다는 녀석들을 총으로 다 죽여 버렸지."

청일전쟁으로 조선에 다녀온 참전 군인이었어요. 다른 사람을 잔인하게 죽인 일을 자랑스럽게 떠들고 다니는 것을 보니 분노가 치밀었고 일본의 제국주의에 대해 깊은 회의감을 느꼈어요. 그래서 약자들을 위한 일을 하기로 결심하고 도쿄전문학교(지금의 와세다 대학)와 메이지 법률 학교에 진학했어요.

그때 유학 온 조선 학생들과 교류할 기회가 있었지요. 그 친구들에게서 조선에서 어떤 차별과 억압이 벌어지고 있는지 생생하게 들을 수 있었어요. 저는 조선의 독립운동이 정당하다는 논문을 써서 발표했는데, 그 때문에 경찰에 잡혀가 조사를 받

조선 학생들과 교류하는 청년 시절의 후세 다쓰지

기도 했답니다.

저는 대학을 졸업하고 시험에 합격해 지방법원의 검사로 일을 시작했어요. 법률을 공부하면 당연히 거치는 과정을 따라간 것이지요. 하지만 검사는 해결할 수 없는 사건들이 너무도 많았어요. 법의 보호를 받지 못하는 약자들을 돕기 위해 검사를 그만두고 인권 변호사의 길로 나섰어요.

제가 본격적으로 조선의 독립운동가들의 변호를 맡게 된 건 1923년 관동 대지진 때문이었어요. 정말 엄청난 지진이 관동 지역을 뒤흔들고 지나가면서 애꿎은 조선인들을 탓하는 어처구니없는 일들이 벌어졌습니다. 일본인들은 죽창을 들고 조선인들을 학살하며 무자비하게 폭력을 휘둘렀지요.

"아무런 증거도 없이 무고한 사람을 죽이는 일본인을 잡아들이시오."

"지금 일본인들은 인간으로서는 해서는 안 되는 일들을 벌이고 있소."

저는 자경단을 조직해 조선인을 죽이는 사람들도 나쁘지만 그런 일을 보고도 바로잡으려 하지 않는 일본 경찰도 잘못되었다고 비판했어요. 하지만 그들은 뻔히 알면서도 꼼짝도 하지 않았지요. 거리에는 조선인들의 시체가 가득했답니다.

　그때 의열단원인 김지섭 씨가 일본에서 조선인들이 학살당하고 있다는 소식을 듣고, 비밀리에 폭탄 3개를 들고 일본으로 건너왔어요. 도쿄에서 열리는 제국의회에 폭탄을 던져서 무고하게 죽은 조선인의 복수를 하고 일본 관리를 위협할 생각이었다더군요. 하지만 제국의회 날짜가 무기한 연기되자 계속 기다릴 수 없어 왕궁에 폭탄을 던지기로 계획을 바꾸었습니다. 김지섭 씨는 3개의 폭탄을 던졌는데, 안타깝게 모두 불발되고 그 자리에서 일본 경찰에 체포되었지요. 저는 김지섭 씨의 변호를 맡았어요.

　"그는 조선인의 의견을 대변해서 이 일을 한 것입니다. 그리고 폭탄이 터지지 않았으니 그는 무죄입니다."

　재판정에 선 김지섭 씨도 당당했지요.

　"내가 한 일은 조선인의 생명과 재산을 위한 일이었소. 나를 무죄로 석방하지 않을 거면 사형을 선고하시오."

　저를 비롯한 변호인들은 계속 무죄를 주장했지만 결국 무기징역 형을 선고받았답니다. 김지섭 씨는 끝까지 차라리 사형을 내리라고 요구했지요. 그렇게 사형을 면했으나 김지섭 씨는 얼마 지나지 않아 감옥에서 세상을 뜨고 말았습니다.

저는 그때 또 다른 재판도 진행 중이었어요. 일본의 왕과 세자의 암살을 기획했다는 혐의로 체포된 박열과 가네코 후미코의 변호를 맡았거든요. 박열은 넉넉하지 않은 집안에서 태어났으나 공부를 꽤 잘했어요. 세상을 바꾸고 싶어 3.1운동에도 참여하고 여러 활동을 했지만, 백성이 아무리 노력해도 현실은 바뀌지 않았다고 여겼지요. 그러니 나라도 정부도 필요 없다고 생각하며 일본으로 건너왔답니다. 박열은 불령사라는 모임을 조직해서 자신의 신념대로 살고 있었어요.

불령사는 폭력을 불사하면서까지 항일 운동을 전개하면서 일본 경찰의 감시 대상이 되었어요. 그리고 관동 대지진이 발생하자, 불령사 소속이라는 이유만으로 박열이 체포되었지요. 조사를 받던 중, 박열이 일왕을 암살하기 위해 폭탄을 구하려 했다는 이야기가 나왔지만, 실제로 계획을 실행에 옮긴 증거는 없었어요. 그런데도 이 이야기는 곧 '일왕 암살 계획'으로 부풀려져 대대적으로 보도되었답니다. 사실 이 사건이 크게 화제가 된 것은 관동 대지진으로 혼란한 일본 국민들의 관심을 돌리기 위해 일본 정부가 꾸몄기 때문이에요.

이때 함께 붙잡힌 사람들 중에는 일본 여성인 가네코 후미코도 있었어요. 박열과 후미코가 연인 관계라는 게 밝혀져서 국경을 초월한 사랑, 그리고 조국을 버린 일본 여성에 대한 이야기가 사람들에게 큰 관심을 끌었어요. 하지만 실제 폭탄이나 암살 계획과 관련된 어떤 증거물도 없었기에 일본 검사 측도 난감했을 거예요.

그런 상황에서 일본의 예심 판사는 어떻게든 회유를 하려고 두 사람의 사진을 찍어 주기도 하고, 제가 두 사람의 혼인 수속을 대신할 수 있게 해 주었어요. 그래서 박열과 후미코는 옥중 결혼을 올리고 공식적으로 부부가 될 수 있었지요.

박열과 가네코 후미코의 첫 공판은 1926년 2월 26일이었어요. 재판의 방청권은 150장이었지만 새벽부터 법원 앞에 모인 사람들은 500명이 넘었어요. 사람들이 얼마나 이 재판에 관심이 많았는지 알 수 있었지요. 가네코 후미코가 먼저 재판정으로 들어섰는데, 박열과 정식으로 혼인 신고를 했으니 조선 옷을 입겠다고 하여, 하얀 저고리에 검정 치마를 입고 머리는 쪽을 짓고 나왔어요. 박열은 결혼식 때나 입는 옷차림으로 등장했는데, 손에는 부채를 들고 있었지요. 조선의 전통 혼례복을

조선 옷을 입고 일본 법정에 출석한 박열과 가네코 후미코

입은 채 여유롭게 부채질을 하면서 후미코 옆에 앉아 미소를 짓는 게 아니겠어요! 두 사람의 당당한 모습에 재판장은 모든 방청객과 기자들을 법정 밖으로 내보냈어요. 박열과 후미코에게 여론이 치우치는 것을 막기 위해서였지요.

박열과 후미코의 재판은 결국 최종심에서 사형이 선고되었답니다. 그때도 박열은 눈 하나 깜짝하지 않고 이렇게 말했습니다.

"재판장, 수고했소. 내 육체야 마음대로 죽일 수 있겠지만 정신이야 어쩔 수 있겠소."

게다가 가네코는 갑자기 '만세'를 외쳤어요. 두 사람의 이런 기개는 어디서 나오는 걸까요? 그런데 어이없게도 일본은 선심을 쓰듯 사형에서 무기징역으로 감형했어요. 그러자 두 사람은 사형을 시키라며 판결문을 찢고 거부했답니다.

두 사람은 따로 수감 생활을 하게 되었는데, 얼마 지나지 않은 7월 23일 후미코가 사망했다는 소식을 들었습니다. 형무소에서는 그녀가 목을 매 자살했다고 하더군요.

"그렇게 허무하게 목숨을 버릴 사람이 아닙니다!"

저는 불령사 회원들과 곧바로 달려갔으나 정말로 자살한 것인지는 확인할 길이 없었어요. 더운 여름에 이미 5일이나 지나 버려 시신을 찾아도 원인을 알기 어려웠지요.

"왜 죽은 날 곧바로 연락하지 않았지요? 뭘 숨기려고 시신을 매장부터 한 겁니까?"

저는 시신을 화장해 유골을 집으로 가져왔습니다. 그리고 일본에 두는 것보다 조선으로 옮기는 게 낫겠다고 생각해 박열의 형님인 박정식 씨에게 연락했어요. 그런데 유골함을 가지고 조선으로 가려는데 경찰이 유골함을 빼앗아 우편으로 부쳐 버렸어요. 게다가 형사 재판을 받고 감옥에 있던 사람이니 일제의 감시 때문에 비석 하나 제대로 세울 수도 없었어요. 그래서 후미코는 박열의 집안 선산에 조용히 묻혀 잠들게 되었답니다.

저는 직접 조선을 방문하며 변호 활동을 하기도 했어요. 1923년에는 강연회 참석과 의열단 변호를 위해 경성, 개성, 대구, 마산, 진주, 김해, 부산 등을 돌며 정말 빠듯한 일정을 소화했지요. 1926년에도 조선에 가서 농민들을 위한 토지 반환 소송을 진행했어요. 일본은 조선에 동양척식주식회사를 세워 조선 농민들의 토지를 강제로 빼앗았는데, 전라남도 나주 지역의 농민들은 토지를 되찾기 위해 민사 재판을 준비 중이었어요.

그때 대표자 몇 분이 저를 찾아왔답니다.

"조선인들을 위해 많은 일을 하신다고 들었습니다."

농민 대표들이 내놓은 혈서를 보고 저는 마음이 울컥했습니다. 평생 땅을 일구며 살아오신 분들이 그 땅을 지키기 위해 이렇게까지 해야 한다니 그 고통과 열정이 저를 움직이게 했지요. 조선에 머무는 동안 정말 과한 환대를 받으며 일본의 식민지 정책의 실체를 볼 수 있었어요. 그래서 일본에 돌아와서도 식민지 지배와 정책을 비판하는 활동을 이어 나갔답니다.

위인 인터뷰

그 무렵 조선인들은 어떤 대우를 받았나요?

1923년 9월 1일, 일본의 관동 지역에서 진도 7.9에 이르는 대지진이 일어났어요. 마침 점심시간이어서 음식 준비를 하느라 불을 피웠던 탓에 나무로 된 건물에 불이 붙어 엄청난 화재까지 발생했지요.

이 지진으로 건물 약 50만 채가 무너지거나 불에 탔고, 사망한 사람은 10만 명이 넘었어요. 그러자 국민들이 폭동을 일으킬까 두려웠던 일본 정부는 계엄령을 내리며 다른 곳으로 관심을 돌리려 했고, 그 대상이 된 것이 조선인이었습니다.

"조선인이 폭동을 일으키려고 한다."

"조선인이 우물에 독을 탔다."

"일본인들을 죽이고 불을 지른다."

근거 없는 소문이 퍼져 나갔고 시민들은 자경단을 조직해 죽창, 도끼, 갈고리 등 무기를 들고 아무 죄 없는 조선인들의 목숨을 빼앗았어요. 일본 정부에서는 그 사실을 알면서도 일본인들이 분노를 조선인에게 돌리도록 못 본 척했지요. 자경단에 쫓겨 경찰서로 피한 조선인들이 죽임을 당해도 말이에요.

자경단은 조선 옷을 입고 있거나 조선말을 쓰는 사람들을 학살하다 못 해, 일본 발음이 어눌한 것으로 조선인을 가려내기 시작했어요. 조선인에게 특히 어려운 발음인 '15엔 50전'을 일본어로 말해 보라고 하는 식으로요. 어이없는 일이었죠. 그 때문에 조선인으로 오해받아 희생된 중국인, 류큐 민족, 부라쿠민(당시 차별받던 계층), 심지어 사투리를 쓰는 지방 출신 일본인들도 있었어요.

이런 상황에서도 조선에는 조선총독부의 언론 통제로 사건이 잘 알려지지 않았어요. 총독부의 기관지로 바뀐 〈매일신보〉는 '관동 대지진 당시 조선인들이 폭동을 조장했다'는 거짓 기사를 쓰기도 했고요.

관동 대지진 때 발생한 조선인 사망자는 정확히 알 수 없으나 수천 명에서 수만 명에 이를 것으로 추정한답니다. 저는 변호사 단체인 자유법조단 대표로 진상 조사 활동을 벌였지만 성과를 얻지 못했어요. 사망한 조선인들을 매장하는 문제로 경시총감에게 항의하려던 일도 무산되었고요. 그저 추도회에 참가하는 정도밖에 할 수 없어 안타까웠습니다.

  자경단의 만행이 도를 넘어 공권력을 위협할 정도가 되자 일본 정부는 뒤늦게 조선인 학살을 막으려 단속했으나, 그 일로

처벌받은 사람은 없었어요. 저는 〈조선일보〉와 〈동아일보〉에 조선인 학살에 대해 '일본인으로서 조선인들에게 진심으로 사과하고 자책하는 바입니다'라는 글을 실었어요. 어떤 식으로도 용서를 받을 수 없는 끔찍한 일을 저지른 일본인들을 대신해 일본인의 한 사람으로, 그 일에 대해 인정하고 사과하고 싶었거든요.

알아두면 달콤해지는 키워드

김시현 의열단원. 일왕을 암살하기 위한 폭탄을 국내로 들여온 일로 체포되어 재판을 받았다. 후세 다쓰지가 변호했다.

최팔용 학지광 편집장이자 조선청년독립단 단원. 2.8 독립 선언을 주도하여 재판을 받을 때 후세 다쓰지가 변호했다.

박열 독립운동가. 일왕 암살을 위해 폭탄을 구입한 일로 재판을 받았다.

김지섭 독립운동가. 1924년 일왕의 궁성에 폭탄을 던졌으나 불발되어 붙잡혔다. 후세 다쓰지가 변호를 맡았다.

가네코 후미코 박열의 아내. 일본인으로 독립을 바라는 조선의 편에 섰으며 감옥에서 사망했다.

동양척식주식회사 일본이 1908년 한국의 경제를 수탈하기 위해서 만든 회사. 토지를 강제로 사고 팔게 하거나, 양곡을 일본으로 반출하는 일을 했다.

2.8 독립 선언 1919년 2월 8일, 일본에서 유학 중이던 조선인 학생들이 모여 독립 선언서를 발표하고 낭독한 일이다.

후세 다쓰지, 그 이후

1925년에 일본 정부는 치안유지법을 제정했다. 식민지가 독립을 하려는 것과 천황제를 부정하는 것은 법으로 처벌한다는 게 핵심 내용이다. 이에 반대한 후세 다쓰지는 1932년 변호사 자격을 빼앗기고 다음 해는 3개월 동안 수감되었다. 1939년에는 또다시 징역 2년을 선고받았다. 1945년 일본이 항복을 선언하고 1년 뒤인 1946년에야 변호사 자격을 되찾았다. 후세 다쓰지는 조선인을 위해 〈조선 건국 헌법〉의 초안을 써서 박열에게 건네기도 했으며, 이후에도 약자의 편에서 변호를 하다가 세상을 떠났다.

대한민국 훈장을 받은 첫 일본인

1953년 봄, 후세 다쓰지는 몸의 이상을 알아채고 병원을 찾았다. 하지만 암은 점점 더 퍼져 9월 13일 밤에 눈을 감았다. 72세였던 후세 다쓰지는 의학 발전을 위해 자신의 몸을 해부용으로 기증한다는 유언을 남겼다. 수많은 재일한국인이 장례식에 참석해 그의 죽음을 슬퍼했고, '아버지와 형 같으며 구 조선과 같은 귀중한 존재'라고 말했다. 일본인을 우리나라의 독립유공자로 인정할 수 없다는 반대 의견도 있긴 했으나, 2004년 일본인 최초로 건국훈장을 받았다. 그리고 2018년에는 가네코 후미코에게도 건국훈장이 수여되었다.

조지 루이스 쇼
George Lewis Shaw

조선 독립을 도우는 건 나에게 당연한 일이었습니다.

국적 영국(아일랜드 출신)

출생 1880년

직업 사업가

입국 1900년

거주지 평안도, 중국

위인 인터뷰

위험을 무릅쓰고 조선의 독립을 지원한 계기가 무엇인가요?

저는 조선의 상황이나 독립운동과는 상관없이 단지 일을 하러 조선에 왔습니다. 아버지는 아시아 지역에서 무역 일을 하고 있었고 어머니는 일본인이셨어요. 아버지의 사업이 어려워지자 장남인 저도 돈을 벌어야겠다고 생각했지요. 평안남도의 은산 금광이 영국에 넘어갔을 때, 광산의 회계 업무를 맡을 사람을 구한다고 해서 조선에 오게 되었어요. 하지만 광산이 수익을 내지 못하고 작업이 중단되자 저는 태어나서 자란 중국으로 다시 건너갔답니다.

1907년 중국의 단둥에서 무역을 하거나 선박을 빌려주는 사업을 시작했어요. 회사 이름은 이륭양행이었지요. 저는 영국 사람들이 머물던 조계지에서 지냈는데, 사업도 꽤 잘 되었고, 거기서 아내 사이토 후미를 만나 결혼도 했어요.

하지만 사업이 잘되니 시기하는 사람들이 생기더군요. 특히 일본인들이 제 사업을 방해하는 일이 잦았고, 사사건건 일본인들과 부딪치게 되자 일본에 좋지 않은 감정을 갖게 되었어요. 게다가 아일랜드인이었던 아버지의 영향도 있었지요.

'일본인들은 정말 너무하잖아. 아일랜드도 영국의 식민 지배를 겪느라 고통스러운데, 조선 사람들은 얼마나 힘들까? 다른 나라를 식민지로 삼는 것은 잘못된 일이야.'

저는 일본 상품을 사지 않는 운동에 앞장서고 일본 사람들과는 거래도 하지 않았습니다. 그러면서 조선의 독립운동에 더욱 관심을 갖게 되었지요.

1919년 상하이에서 대한민국 임시 정부가 수립되었어요. 조선에서 대규모 만세 운동이 있은 뒤였는데, 작은 벽돌집에 독립운동가들이 모여 임시로 정부를 두고 여러 일들을 벌여 나갔습니다.

하루는 임시 정부에서 저를 직접 찾아왔어요. 독립운동을 위한 자금을 전달하고 국내외 사정을 주고받을 조직이 필요해 임

이륭양행 앞에 서 있는 조지 루이스 쇼

시 정부에서는 교통국과 연통제를 두었다고 했어요. 군자금을 전달하거나 정보를 모으고, 지령을 전하는 일을 담당한다고 했지요. 하지만 일제의 감시가 심한 때라 비밀리에 진행해야 해서 어려움이 많다는 거예요.

"저희 회사 2층을 내드릴 테니 그곳을 쓰십시오. 일본도 어찌하지 못할 겁니다."

이륭양행은 무역 회사이자 중국 태고선복공사의 대리점이니까 배로 실어 나르면 의심을 사지 않을 테고, 게다가 치외 법권 지역에 있어서 일본이 함부로 할 수 없었거든요. 그렇게 이륭양행에 임시 정부의 단둥 교통사무국이 설치되었지요.

그뿐만 아니라 저는 조선인의 망명을 돕거나 무기, 출판물, 자금을 안전하게 운송하도록 배를 내주기도 했습니다. 많은 독립운동가가 일제의 탄압을 피해 이륭양행의 배로 조선을 탈출할 수 있었고, 조선과 상하이를 안전하게 오가며 독립운동을 계속할 수 있었지요. 가끔 저희 집에서 머문 분들도 있었고, 우편물을 대신 받아 주기도 했습니다.

김구 씨도 이륭양행의 배를 타고 상하이로 건너왔어요. 그런데 그 과정에서 가슴을 졸인 모양인지 나중에 《백범일지》에 이런 기록을 남겼더군요.

> 일본 경비선이 따라오며 나팔을 불고 당장 배를 멈추라고 했다. 하지만 영국인 선장이 들은 체도 안 하고 전속력으로 경비 구역을 빠져나갔다. 덕분에 4일 뒤, 안전하게 항구에 도착할 수 있었다.

그렇게 위험한 상황은 셀 수 없이 많았어요. 저는 직원들에게 그런 일이 있어도 대응하지 말고 평소처럼 아무렇지 않게 다니라고 단단히 일러두었지요.

그러던 중 임시 정부에서는 고종의 다섯째 아드님인 의친왕을 상하이로 데려올 계획을 세우고 있었답니다.

"이번 일은 극비로 진행될 것입니다."

황족이 비밀리에 망명을 한다는 건 굉장히 중대한 일이었지요. 의친왕께서는 일찍이 일본, 미국 등에서 공부하며 국제 정세에 밝은 분이었고, 누구보다 독립 의지가 강했습니다. 하지만 일제의 감시로 활동이 여의치 않았죠. 그래서 임시 정부 사람들이 망명하는 것을 제안했고, 의친왕은 황족의 지위를 버리고 평민으로 임시 정부에 참여하겠다고 선언했어요.

김구와 악수하는 쇼
이륭양행에서 김구의 상하이 망명을 도왔다

1919년 11월 의친왕은 다른 사람으로 변장하여 탈출해 경의선 열차를 타고 단둥에 도착했어요. 고종께서 남긴 독립 자금 150만 원도 손쉽게 전달받은 상태였지요. 하지만 의친왕이 사라진 것을 알아채고 단둥역을 포위하고 있던 일본 경찰에게 발각되고 말았습니다. 조금만 더 가면 저희가 준비한 배에 오를 수 있었는데……. 이륭양행을 통해 상하이로 가려는 계획은 모두 수포로 돌아갔지요.

 일본은 저를 못 잡아먹어서 안달이 났을 텐데 뾰족한 수가 없었을 겁니다. 영국 국적의 사업가를 잡아들였다가 영국과 사이가 틀어질 수도 있으니까요. 그래서 임시 정부의 주요 인물들인 이승만, 이동휘, 안창호 등과 저를 함께 엮기로 머리를 썼지요. 대한민국 임시 정부의 교통국을 설치하도록 사무실을 내주었으니 내란 행위를 방조한 죄가 있다고요. 1920년에 저는 결국 일본 경찰에 체포되어 감옥에 갇히게 되었어요.

 제가 잡혀 들어가자 영국의 신문 〈런던 타임즈(London Times)〉에서는 이 사건을 크게 보도했어요. 전 세계가 일본을 비난하니까 일본으로서는 난감한 상황이었어요. 그렇다고 한번 잡아들인 죄인을 무죄로 석방할 수는 없잖아요. 영국 정부는 보석금을 내면 풀어 주는 걸로 하자고 제안했고, 일본도 영국의 의견에 따라 저는 천오백 원을 내고 풀려날 수 있었어요. 잡혀 온 지 4개월 만이었죠. 저는 석방되자마자 만찬회에서 조선의 독립을 적극적으로 돕겠다고 밝혔어요.

1921년 1월에는 상하이에 가서 대한민국 임시 정부를 방문했어요. 임시 정부에서는 저를 위해 환영회를 열고 금색공로장을 수여했답니다.

"한국의 독립을 위해 일할 수 있어서 기쁘고 자랑스럽습니다."

저는 여운형, 김구 씨와 만나서 조선의 독립운동에 대해 상의했어요. 단둥 교통사무국 역할도 계속 이어 가기로 했고요. 독립운동가 김문규를 이륭양행 직원으로 채용해, 겉으로만 조선과의 관계를 끊은 척하고 더욱 활발히 독립운동을 지원했지요. 당시 아일랜드가 막 독립했듯이 조선의 독립도 의심할 여지가 없다고 생각했어요.

제가 왜 조선의 독립을 이렇게까지 돕게 되었는지는 잘 모르겠어요. 저의 어머니, 저의 아내, 그리고 며느리까지 모두 일본인이었는데 말이죠. 하지만 일본이 조선을 탄압하고 억압하는 것은 국적을 떠나 인간으로서 잘못된 것이라는 생각이 우리 가족들에게는 있었어요. 제 아내는 무자비한 일본의 태도에 반대하며 적극적으로 조선의 독립운동을 지지하는 사람이었답니다.

저는 독립운동 자금을 마련하는 것을 돕고, 무기와 탄약을 실어 날랐으며 독립운동가들을 지원하는 일을 멈추지 않았어요. 일본은 어떤 방법을 써도 안 되자 이번에는 이륭양행을 매수하려고 했어요. 하지만 저는 단호하게 거절했지요.

1931년 일본은 만주 침략에 본격적으로 나서면서 만주국을 세우고, 국경 지대의 단속을 강화한다며 이륭양행의 배들을 불법으로 조사했어요. 또한 대안기선공사라는 이륭양행과 비슷한 회사를 만들어 보조금을 지원했어요. 일본의 막대한 지원을 받고 있으니, 대안기선공사는 돈을 잔뜩 들여 저희 일을 노골적으로 방해하거나 빼앗아 갈 수 있었지요. 그렇게 훼방을 놓자 결국 저의 입지와 역할도 줄어들 수밖에 없었어요.

위인 인터뷰

그 시절 조선인들은
어떤 길을 모색하고 있었나요?

제가 단둥에 이륭양행을 만든 것이 1907년이었습니다. 그때 조선은 일본에 외교권을 뺏기고 점점 더 휘둘리고 있었지요. 하지만 독립운동에 나서는 사람들은 늘어나는 것 같았어요.

그러다 1909년 안중근의 의거는 세상을 놀라게 했습니다. 안중근은 초대 통감으로 악명을 떨치던 이토 히로부미를 하얼빈역에서 저격한 다음 "코레아 우라(대한 독립 만세)"를 외치고 곧바로 체포되었어요. 미국, 이탈리아 등 전 세계 언론에서 이 사건을 보도했지요. 이 소식을 듣고 저 역시 놀라움을 금치 못했습니다. 그는 사형대에 오르기 전 "대한 독립의 소식이 천국에 들려오면 춤추며 만세를 부를 것이다."라는 마지막 말을 남겼다고 들었습니다. 조선의 의병 대장으로서 얼마나 간절히 조선의 독립과 평화를 바랐는지 느낄 수 있는 말이었지요.

안중근 의사의 의거로 조선에서는 독립 의지가 더욱 불타오르는 듯했어요. 그러다가 1919년 대규모의 만세 운동이 일어났지요. 3월 1일 시작되어 전국으로 퍼졌는데, 여전히 만세의 불씨가 꺼지지 않았던 4월에 상하이에서 대한민국 임시 정부가 결성되었습니다. 서울과 연해주에도 임시 정부가 있었지만 11월에 대한민국 임시 정부로 합쳐졌어요. 대한민국 임시 정부의 대통령은 이승만 씨가 맡고 국무총리는 이동휘 씨가 맡았어요. 하지만 실제로 임시 정부를 이끈 사람은 김구 씨였습니다.

임시 정부는 교통국과 연통제를 만들어 독립 자금을 전달하거나 정보를 교환하고, 독립운동가를 망명시키는 일을 했죠. 그 일의 중심에 우리 이륭양행이 있었고요. 영국인이라는 제 신분 덕분에 사업을 하면서도 일제의 간섭을 피하며 그 많은 일을 할 수 있었어요.

하지만 조선 안에서는, 특히 조선인이 하는 회사에는 감시와 탄압이 훨씬 심했을 텐데 크게 사업을 하면서도 독립운동 자금을 많이 댄 곳이 있었어요. 바로 동화약방과 백산상회였지요.

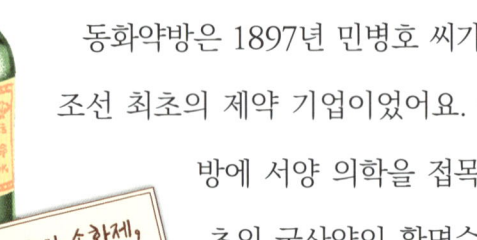

우리나라 최초의 소화제, 활명수의 맨 처음 모습

동화약방은 1897년 민병호 씨가 설립한 조선 최초의 제약 기업이었어요. 궁중 비방에 서양 의학을 접목시켜 최초의 국산약인 활명수를 개발하면서 엄청난 수익을 얻었다고 하더군요. 민병호 씨의 아들 민강은 비밀 결사대를 조직할 정도로 적극적으로 독립운동에 나섰어요.

대한민국 임시 정부는 동화약방 한 켠을 비밀 장소로 이용하고 있었어요. 중국 상하이와 한국, 그리고 서울과 지방 사이에 연락을 맡아 줄 곳이 필요했는데 민강 사장이 자신의 집을 내준 것이지요. 동화약방은 임시 정부의 '서울 연통부'였다고 해요. 그런데 민강 사장은 임시 정부에 보낼 비밀 문서를 목판에 새기다가 일본 경찰에 들켜서 상하이로 망명하고 옥고도 치르는 등 고생을 꽤 했다고 하더군요.

또 다른 회사인 백산상회는 1914년 안희제 씨가 독립운동 자금을 마련하기 위해 설립한 회사로 부산에 있었습니다. 안희제 씨는 만주, 러시아 지역을 돌며 독립운동 방법을 고민하다가 독립운동도 자본금이 중요하다고 생각해서 회사를 차리게 되었다고 해요. 그의 뜻에 공감한 영남 지역 대지주들이 크게 투자해 더욱 활발한 활동을 펼칠 수 있었고요. 하지만 백산상회가 독립운동을 지원하고 있다는 걸 눈치챈 일본이 장부를 검열하거나 회사 간부를 고문하는 등 탄압을 자행하자 1927년에 문을 닫았다고 하네요.

어디 이 두 회사뿐이었겠습니까. 저는 영국인임에도 불구하고 일본의 온갖 간섭을 받았는데, 조선 내에서 꿋꿋이 독립운동을 이어 오신 분들이 정말 존경스럽습니다.

알아두면 달콤해지는 키워드

이륭양행 조지 루이스 쇼가 세운 무역회사. 이륭양행의 배를 이용해 독립운동가와 물건, 무기 등을 실어 날랐고, 임시 정부의 단둥 교통사무국이 설치되었다.

단둥 교통사무국 임시 정부의 비밀 연락 기관. 이륭양행에 대한민국 임시 정부의 단둥 교통사무국이 설치되었다.

사이토 후미 조지 루이스 쇼의 아내. 일본인이었으나 한국의 독립운동을 지지했다.

김구 독립운동가. 3.1운동 이후 이륭양행의 배를 타고 상하이로 건너가 활발한 독립운동을 벌였다.

의친왕 고종의 아들. 임시 정부에 참여하기 위해 1919년 이륭양행을 통해 상하이로 망명하려고 했으나 실패로 끝났다.

대한민국 임시 정부 1919년 3.1운동 이후 상하이에서 결성되었다. 초대 대통령은 이승만이었고 항일 운동을 벌이는 중심 기관이었다. 임시 정부는 항저우 등 여러 곳으로 옮기다가 1940년 충칭에 자리 잡았다.

대한민국 임시 정부 청사

조지 루이스 쇼, 그 이후

조지 루이스 쇼는 일본의 압박으로 사업이 어려워지고, 자신의 큰아들과 아내까지 잡혀가 심문을 당하자 1938년에 단둥을 떠나 어린 시절을 보냈던 푸저우로 갔다. 조선의 독립을 위해 해 온 일도 중단되었으나 일본은 중국 침략을 시도하면서 계속 그를 감시했다. 조지 루이스 쇼는 1943년 푸저우에서 세상을 떠났고, 그가 잠들어 있던 외국인 공동묘지는 중국 문화혁명 때 파헤쳐져 현재는 남아 있지 않다. 1963년 조지 루이스 쇼에게 대한민국 건국훈장이 수여되었으나 후손을 찾지 못하다가 2012년 49년 만에 손녀에게 전달되었다.

독립운동가가 본 쇼의 독립운동

독립운동가 김산의 인터뷰를 바탕으로 미국의 저널리스트 님 웨일스가 쓴 《아리랑》에 쇼에 대한 이야기가 나온다. 의열단이 상하이로 폭탄을 보낼 때, 영국계 회사 소유의 배에 실어서 보낸 과정이 다음과 같이 담겨 있다. "의열단은 여덟 개의 전략적 건축물을 파괴하고, 일본인 관리를 암살하려는 계획을 세웠다. 이를 위해 그들은 비밀리에 200여 개의 폭탄을 조선에 들여왔다." 폭탄은 의류품 화물 상자에 숨겨져 배로 옮겨졌는데, 그 선박 회사의 지배인이 '샤오'라고 불리던 아일랜드인이었다. "그는 일본인을 거의 영국인만큼이나 싫어했다. 그래서 커다란 위험을 무릅쓰고 조선의 독립운동을 열렬히 지원해 주었다."라는 내용에서 김산이 말한 아일랜드인이 바로 조지 루이스 쇼이다.

대한외국인과 함께 따라가 보는 역사의 흐름

1896년
〈독립신문〉 창간

1895년
을미사변

1894년
청일전쟁(~1895), 동학농민운동 전개

1897년
독립문 완공

1898년
광혜여원 설립

1899년
이디스 마가렛 어린이 병동 설립

1923년
후세 다쓰지 입국, 관동 대학살 사건

1919년
3.1운동, 제암리 학살 사건, 대한민국 임시 정부 수립

1916년
프랭크 스코필드 입국

1876년
강화도 조약

1884년
갑신정변

1885년
헨리 아펜젤러 입국,
메리 스크랜턴 입국

1890년
로제타 홀 입국,
《사민필지》 간행

1887년
보구녀관 설립,
이화학당 교명 하사

1886년
호머 헐버트 입국,
배재학당 교명 하사

1900년
조지 루이스 쇼
입국(추정)

1904년
어니스트 베델 입국,
〈대한매일신보〉 창간,
러일전쟁(~1905)

1905년
을사늑약

1909년
안중근 의사의
의거

1908년
《대한역사》 간행,
스티븐스 저격 사건

1907년
헤이그 특사 사건,
국채보상운동,
이륭양행 설립